口絵① 京都・天橋立で撮影したUFO
（2008年11月25日、筆者撮影）→本文p.35参照

口絵② ライトワーカーの光
（長野県の神社にあるご神木。筆者のサポーターが撮影）
→本文p.80参照

光の書

上巻

明翔
Meishou

文芸社

はじめに

あなたは、「人は死んだらどうなるのか」「神とは何なのか」という思いをいだいたことがありますか?

目に見えない世界を意識し、その真理を知ることは、普通に暮らしていたらとても難しいことと思います。

しかし、人が精神的に成長するには、変わることのない「宇宙の真理」を知ることが不可欠なのです。

私は、人生の半《なか》ばを過ぎた頃から始まった想像もつかないような出来事を通して、神の世界を知り、自分の役目を自覚しました。

人間の暮らす世の中は目まぐるしく変わって行きますが、神の世界である宇宙はその数十倍もの速さで変化しています。そして、どのように大きな変化があっても絶対に変わらない真実があります。

この『光の書』は、意識としてとらえた宇宙の「解説書」です。神とは何なのか、人は死んだらどうなるのか等々、わたしたちがこれまでいだき続けてきた疑問について、本書を通して少しでも答えたいと思います。

目に見える物質世界のことではなく、目に見えない世界を学ぶのは大変な努力を必要としますが、途中で断念することなく前進して頂きたいと思います。何度も読み返し、皆さんご自身が覚醒《かくせい》されることを心から願っています。

この世に生を受けたことに感謝します。

信仰心の篤《あつ》い両親の元に生まれたことに感謝します。

人間として成長させてくださった恩師、先輩、友人を含め、精神的成長を促《うなが》してくれた多くの書物とその著者に感謝します。

これまでに私が頂いてきたすべての恩恵に、本書を通して報《むく》いることができればと思います。

それでは、皆さんを、真理の世界へとご案内いたしましょう。

目次

注・神様のお言葉は『　　。』で表記してあります

第１章

初級編

自分・人間の成長・輪《りん》廻《ね》転生《てんしょう》・カルマ・

祈り・浄化・光の国・本当の幸せ

人間は誰もが役目を持って生まれて来ます。必要のない人間などいません。「自分は何をやってもうまくいかない。周りに迷惑をかけるばかりで、生まれて来なければよかった」などと思っている人がいたら、それは間違っています。あなたは望まれて生まれて来ました。たくさんの期待をかけられて生まれて来ました。

生まれて来る目的は、あなた自身が幸せになり、周りを幸せにすることです。その手段として先《ま》ず必要なのは、たとえ生まれ育った環境や出会った人たち、遭遇《そうぐう》する出来事が劣悪《れつあく》なものであったり惨《みじ》めなものであったとしても、不平不満を口にしないことです。

与えられた環境の中で少しでも心を豊かにし、いかに目標に向かって努力するかが人間としての成長です。「引き寄せの法則」と言い、不平不満や愚痴《ぐち》を口にすると、結果的により悪い現象となって自分に振りかかってくることになります。同じ境遇におかれた人間も、感情の持ち方や工夫の仕方、考え方でそれぞれの精神的成長が大きく違っていきます。

感謝の氣持ちを持てない人は、たとえ人が羨《うらや》むような状況にいたとしても心が満たされることはないでしょうし、他人を認めることができない人は自分が相手から認められることもないでしょうし、経験を積まない人は大切な場面において適切な判断をすることができません。

過去何万年もの歴史を経て今があります。人は死んだらどうなるのでしょうか？　今現在の自分の命は長生きしてもせいぜい百歳くらいですが、自分の魂《たましい》の歴史を振り返ってみると、想像もできないほど古い時代に生まれ、何度も何度も転生を繰り返しているのです。

魂が新しい肉体に入って心身を悩ませる様々な欲望に打ち勝ち、「無《む》」の境地になり、神を理解し自分は霊的存在であるという真実を学び、受け入れることができるまで、人は何百回も生まれ変わります。

今の自分は過去世の自分の積み重ねの結果だと思ってください。人間は多くの経験を通して成長します。失敗のなかった人生を過ごした人など一人もいません。人間である以上、「我《が》」があってあたりまえです。ただその我意が純粋に自分を成長させるためのものだったのか、他を顧《かえり》みず人を傷つけ蹴落《けお》とし、ひどい場合は命を奪ってまで手に入れたいものだったのか……。

人は過去世での記憶を消されて新しく生まれて来ます。記憶にないだけで、転生することも自分で決めています。どのような環境に生まれ、過去世での償《つぐな》いをし、煩悩《ぼんのう》を捨て、神の世界に近づけるかを、魂に還《かえ》った自分が決めて、神の力を借りて再び生まれて来るのです。人間として生まれ変わる魂の数が決まっているとしたら、自分の希望が叶《かな》うのは素晴らしいことです。

魂そのものを与えてくださった神様、この世に産み出してくださった両親に心から感謝したいものです。

目に見え、手で触って確認できるものが「物質」です。数を数えられるものが「物質」です。人間の肉体は物質ですが肉体だけでは人間の働きをしません。目に見えないけれど誰もが持っている「心・精神・氣力」のことを「魂」と言います。肉体だけでは機能しないのと同様に「魂」だけでも人間の働きはできません。肉体と魂とが一体となって一人の人間を創り上げています。物質としての肉体の使用期間は限られています。これを寿命《じゅみょう》と言い、「死」とも言いますが、魂の方に「死」はありません。人が死ぬと魂はその肉体から抜け出して一度魂の世界に帰り、そこでその人生を振り返り、反省をし、より魂が成長するために、新しい環境や自分の入る肉体を決めて生まれ変わって来ます。わたしたちは記憶にないだけで、この作業を永遠に続けているのです。

条件を変えて生まれ変わる理由は、あらゆることを経験するためです。男性を経験し、女性を経験し、世界各地を経験し、様々な職業を経験し、多くの人と出会うためです。人間としての記憶は今の人生の中で経験したことだけですが、魂は肉体と一緒になって経験したすべてを記憶しています。今の人生より前をその人の過去世と言います。過去世の自分は間違いなく今の自分でありますが、肉体ではなく「魂」の部分が繋《つな》がっているのです。

初めて会ったのにとても懐かしい人というのは、過去世のどこかで縁のあった人です。趣味の稽古《けいこ》ごとを始めて上達が速い人は、過去世のどこかで同じ経験をし、基本ができているからです。スポーツ選手になって優勝を目指して頑張《がんば》っている人は、過去世で惜しいところで目標が達成できず、魂が、今世こそ優勝しようと決めて生まれて来たのかもしれません。このように人間は過去世での続きをやっているのです。次に生まれる環境とその人生での目標を決めるのが魂としての自分の役目であり、その目標に沿った努力をするのが人間としての自分の役目です。

人間の住む現実世界に対して魂の帰る世界を霊界と言い、魂そのものも「霊」と言います。人間は必ず霊と一体となっているのですから、誰もが「霊感」を持っています。ただし、自分の中の魂の存在を認め、魂の声に耳を傾ける努力をするかどうかで、現象として現れる結果は大きく違ってきます。人間は誰もが霊的能力を持っています。このことに氣づくかどうかですが、無意識に氣づいている人はたくさんいます。「霊感」は「直感」という形で現れますので、何となくとった行動や、一瞬で決めたことなどは、霊感に従ったと言ってよいのです。

人間と一体となっている魂は、ほんの一部分です。霊界においての魂本来の役目というのがあります。大きな役目を果たすには魂そのものを成長させなくてはなりませんが、魂だけでは成長はできません。一体となっている人間を成長させることが魂の成長なのです。そのために、魂の部分に「守護霊」を重ねることができます。一体となっている人間に「氣づく」ヒントを与えて霊感を強めさせることが守護霊の役目であり、心を研《と》ぎ澄《す》まして少しのヒントから深い意味を理解し、守護霊の想いを的確に受け取り行動することが人間の役目です。人間の努力につり合った力の守護霊がいます。人間が努力して成長すれば、守護霊も力をつけ、魂としての自分も成長できるのです。

現実世界で暮らしている自分は魂が存在しなければ生きることはできませんが、魂の方は新しい人間を選び、その人間の努力によっていくらでも成長することができます。また、現実世界における海、山、空氣、風などにもすべて魂が宿っています。自然や自然現象がなければ人間は生活することができません。一人の人間が一体となっている魂の部分がほんの一部であるのと同じように、自然を守る魂や自然現象に働きかけるいわゆる自然霊も、自然を動かす神のほんの一部にすぎません。さらに人間の生きる地球は宇宙に浮かぶ無数の天体の一つです。当然、星々には魂があり、その魂を動かす神がいます。

神や魂が存在する「神霊界《しんれいかい》」があるからこそ人間を含むあらゆるものが存在するのです。宇宙そのものを創造し、魂を生み出した神に対して、わたしたちは畏敬《いけい》の念を持たなければなりません。人間に命を与えてくださった神に感謝し、その偉大な力を畏《おそ》れ敬《うやま》い、神の働きのほんの一部でもお手伝いができるように願う氣持ちを信仰心と言います。宗教を通してこれらのことを学び信仰心を高めるのは素晴らしいことですが、偏った考えを押しつけたり、まして宗教戦争を起こすような宗教やその指導者はいかがなものかと思います。

神の住む世界に物質はなく、意識、想念が存在します。人間の世界で起きる様々な出来事や一人一人の経験や氣づきに、「偶然」はありません。すべてに意味のあること、計画されたことです。人間の方で単なる偶然と決めつけてかたづけてしまうか、ほんのわずかなヒントでも見逃さずに取り入れていくかによって、霊的成長に大きな差が出てきます。

霊的な成長とは感性を豊かにして想いや考え方のレベルを上げることです。こうした個々の意識レベルが上がれば全体が上がります。神に近づきます。一人一人が努力を怠《おこた》り、自分さえ良ければいいというような考えになると全体の意識レベルが下がり、神から遠のきます。

平和な世の中で幸せに暮らすことを誰もが願っているはずですが、「幸せ」の基準はそれぞれ違うのかもしれません。

職業を始め世の中には様々な分野、様々な種類のものがあります。無駄なものはありません。すべて必要なものであり、その元となるエネルギー源は神様が与えてくださっています。種となるエネルギー源に技術力や応用力を加えて少しでも進化させようと努力していくのが人間の勤《つと》めです。

食べ物を例にとっても、無駄なものはないはずです。好きな物だけを食べて栄養が偏って病氣になったとしても、それは自分の責任です。何ごとも偏ってはいけません。バランスが大切です。これは政治に関しても経済に関しても霊的なことに関しても同じことが言えます。一人一人が日々変化しているのですから、元々持っている個性に加えて意識レベルの変化を考え、世の中全体を見極めなくてはなりません。各分野の先頭に立つ人は先ず自分が偏った考えをしていないかを常に振り返り、必要な意見は取り入れ、全体のバランスを考えて適切な判断をしなければなりません。大変難しいことではありますが……。

とは言っても多くの場合独断、独裁が危険なのであって、例外もあります。権力を握る者の間違った判断は「支配」に繋がります。支配された中で動く人間は幸せになれません。しかし、本当に全体の幸せを考え、先を見通し、今ここで自分の考えを主張しなくてはならないと氣づいた時には、多くの人を敵に回したとしても、より大きな権力に屈することなく、堂々と自分の意見を述べなければなりません。そのタイミングを考えるのが難しいのは当然のことです。こうなると人間の力だけでは及ばないものがあります。本当に正しいこと、必要とされていることでしたら、必ず神様が守ってくださいます。助けてくださいます。

人間が何度も生まれ変わる理由の一つは、過去世で落とし、神から遠のいてしまった意識レベルを上げることです。「因縁《いんねん》」とも「カルマ」とも「業《ごう》」とも言いますが、悪いカルマを積んだのは自分であり、悔《く》い改めるのも自分なのです。ほとんどの人間は人間に対して良からぬ感情を持つものです。自分より優《すぐ》れたものを持っている人に対して、その人を認め自分のことのように喜び、自分も手本として努力しようと思う人は、いたとしてもほんのわずかでしょう。大半の人はねたみやひがみ、羨む氣持ちを持つのかもしれません。相手との距離があればそれほど悪い感情も強くないのかもしれませんが、職場の同僚だったり、記録を競い合っている仲間だったりすると大変です。「自分を差し置いて出世した」とか、「あの人ばかり給料が上がっていい思いをしている」とか、マイナスの氣持ちがエスカレートして、恨《うら》みや呪《のろ》いに変わることもあるかもしれません。人間の悪い感情とは恐ろしいものです。

過去世において「世継《よつ》ぎ争い」の渦中にいて殿様の命令に逆えず、罪もない相手を殺したことがあったかもしれません。マイナスのことを想っただけでも、口にしただけでも意識レベルを下げます。まして人を殺傷したりというのは、自分と自分の魂を生み出してくださった神様に背《そむ》くことになります。

今現在の自分の生き様が来世に繋がります。人間ですから氣の合う相手、合わない相手がいるのはいたし方ないことです。しかし、一生のうちで巡《めぐ》り合える人はどのくらいいるでしょうか。その人たちは過去世で縁のあった人ばかりです。氣の合う人とはより良い関係を持ち、そうでない人に対しても嫌ったり憎んだりというようなマイナスの感情を持ってはいけません。

人間を介した魂同士の出会いでもあるのです。プラスの想いはプラスの「氣」として相手に届き、魂はずっと覚えています。明らかに非常識な言動をとる人がいたとしても、自分の意識レベルを上げて相手を受け流すくらいの余裕を持てるようになると、自分自身が成長することになります。

この世での生き方が死に方に繋がり、未来に繋がります。「幸せな人生だった」と感謝してこの世を終えたいものです。

最も悪い例を挙げてみます。

——三年前の冬の昼間、ある老舗《しにせ》の料理屋が母屋《おもや》からの出火で全焼し、五十七歳の主人と二十六歳の長女が焼死しました。

母屋と隣り合わせになっている店内で主人は夕方の仕込みをやっており、娘は体調が悪く母屋の二階で寝ていた時のことです。通りがかりの女性が母屋から火が出ていることに氣づき主人に知らせました。主人は娘を助けようと急いだのですが、二階の一番奥の部屋で眠っていた娘を起こし階段付近まで来たところで下から上ってくる炎にまかれて動けなくなり、娘をかばうように、父親が娘に覆《おお》いかぶさった状態で絶命しました。

娘の寝ていた部屋というのは、五十年前に主人の祖母が首吊《くびつ》り自殺した部屋でした。一階の火の氣のないところからの出火であり、原因は不明のようです。——

この料理屋は筆者の身内が経営していました。筆者とこの主人とは同い年であり、五十年前に亡くなった祖母にも生前かわいがってもらった記憶があります。祖母は主人が九歳くらいの時に亡くなったのですが、家族や親戚の供養《くよう》も届かなかったようです。

筆者より先にテレビのニュースで火災のことを知った筆者の母の夢に、首を吊って亡くなった祖母が現れ、「淋しくてしょうがないから、私が引っ張った」と告げたそうです。

自殺というのは、自分で決めて来た役目を途中で放棄することです。しかもこの方の場合はこの世に対する恨みや未練があったのでしょう。僧侶《そうりょ》の唱える経文《きょうもん》も自ら拒否し、命を断った時のマイナスの想念が自らを闇の世界に押し込んだのです。魂となって五十年間苦しんだはずです。こうなると少しくらいの供養の力では抜け出すことはできません。苦しいからこそ何とかしてほしくてこの世で一番縁の深かった人に頼ってきたのです。火事を起こすまでには何度も訴えがあったはずです。そのヒントに早く氣づいてあげれば、さらなるカルマを積ませることもなかったのですが、今さらそんなことを言っても仕方のないことです。

火災の起きる半月ほど前に筆者は高野山《こうやさん》にお参りに行く計画を立て、宿坊《しゅくぼう》を予約してありました。当日は、筆者と同い歳で亡くなった父親とその娘、優しかったおばあちゃんのために高野山奥の院で心を込めて祈り、般若心経《はんにゃしんぎょう》を唱えました。その日に泊まった宿坊で「朝のお勤めで供養する方がいたら経をあげますから」と言われ、三人の名前と亡くなった日を書き出したら、何と筆者がお参りした日は火災のあったちょうど一ヶ月後でした。これにはご住職《じゅうしょく》も驚いていました。

このことがあった四ヶ月後くらいから筆者自身が神様とお話しさせて頂けるようになり、観《かん》音《のん》様に三人のことをお伺《うかが》いしました。

『三人とも成仏《じょうぶつ》して、今は高いところにいらっしゃいます。』とのお言葉を頂き、どんなにほっとしたことか解りませんでした。

過去に悪いカルマを積まなくても、死ぬ時に悪い想念を残してしまうと、その意識が「黒い光」となって残ります。交通事故で命を落とした人のこの世に対する未練や、「何で自分が死ななくてはならないのだ」というような恨みの氣持ちが、同じようにマイナスの氣持ちを持っている人を引き寄せて、事故のあった同じ場所で同じような事故を起こさせることもあるのです。

前向きな生き方をすることが一番大切なのは言うまでもありませんが、不幸にもこのような亡くなり方をした人がいたら、身内が心を込めて供養することです。そしてこの世に残っている悪い想いを消さなければなりません。浄化とはマイナスの意識（黒い光）を消し、落ちた意識レベルを引き上げることなのです。

筆者は二十年ほど前に、山梨県甲府市のとある神社を三十年間月参りしていたことがあります。昇仙峡《しょうせんきょう》の奥、水晶《すいしょう》発祥の地で古い歴史を持つ神社です。意識レベルとは「霊的波動」と同じ意味です。「水晶」は鉱石の中で最も高い波動を持っています。人間も波動の高い人ほど神と繋がることができます。水晶の持つ強いエネルギーの力を借りて自分の波動を高めるために、また、良いエネルギー、悪いエネルギーの充満する世の中で暮らすのですから、悪いエネルギーを寄せつけないためもあり、さらに常に自分自身を浄化するために、水晶を「神宝」としているこの神社に参り、随分《ずいぶん》波動を上げて頂きました。

当時の宮司《ぐうじ》様は「和気清麻呂《わけのきよまろ》」の三十一代目の子孫の方で、霊感が強く、とても高い波動をお持ちでした。

甲府の近くに塩山という地があります。ここにダム建設の計画が立てられたそうです。工事に着手し始めたものの事故が続き、近くのいくつもの神社にお祓《はら》いをしてもらっても効果がないので、とうとうこの神社の宮司様に祈祷《きとう》の依頼がありました。その後どうなったかは解りませんが、塩山にある「花魁淵《おいらんぶち》」という滝には、その昔とても悲しい出来事がありました。

――戦国時代、「黒川金山《くろかわきんざん》」と呼ばれた武田家の隠し金山がありました。やがて武田家の勢力が弱まった頃、敵方に金山の秘密を知られてはならないと、口封じのために慰労《いろう》に集めて住まわせていた遊女《ゆうじょ》五十五人を殺すことにしました。眼下に滝の流れる谷の両岸を利用して宴台《えんだい》を張り、その中央で祝宴を開きました。散々女たちに酒を飲ませ酔《よ》いつぶし動くこともままならなくなった頃合いを見計らって、女たち五十五人だけを残して他の者は退散しました。そして宴台を吊っていた両側の支えを切り離しました。五十五人は一瞬のうちに谷底に落ち、水にのみ込まれて全員が亡くなりました。――

筆者の元には二〇一〇年七月から、筆者を霊的にサポートしてくれる人たちが集まり始め、自分がとんでもなく大きな役目を持って降ろされたのだということが解りました。落ちる魂を引き上げるのが役目だと神様から言われ、その日からひたすら祈る毎日が始まりました。そんなある日突然今まで忘れていたこの悲しい出来事を思い出し、何とか成仏してもらいたいと思って、仲間と一緒に一生懸命祈りました。祈り始めて何日かたった頃、観音様と、さらに上の神様からお言葉を頂きました。

『ありがとうございます。氣づいて頂けたこと、今までただ単に過去の話として伝えられていただけの、罪もない悲しい女たちの無念を解って頂けた。水辺に流れて行く美しい花のように、清らかな魂を持つ者たちが男の欲望の餌食《えじき》となり、どれほどつらい思いをしてきたか。それだけでも身がさけるほどの不幸を背負うていたのに、さらなる仕打ちに、力もなくあきらめておった。今、清らかな流れと共に嬉《うれ》しそうな笑い声が聞こえて来る。祈りを、もっと祈りをしてやれば、天女《てんにょ》のように光の国に喜びに戯《たわむ》れながら上がって行こう。その姿は神々しいばかりの美しさ。』

『過去のカルマを積んだゆえの悲しき定めではあったが、十分に罰《ばつ》をこの世で受け、改心いたすことができた者たちだ。心込め、光の国に届けてやってくれ。たくさんの役目を背負わせて申し訳ないが、これからもこのような者たちに氣づいてやってほしい。それはわれらの望みの一つでもある。頼む。』

肉体から離れた魂が行くところは「光の国」です。ここで今までの人生を振り返り、生まれた時に自分で決めた修行ができたか、神様から与えられた役目を果たせたか考えます。そして悪い行いを反省し、次の人生ではどのように改めたらよいか考えます。

魂は目に見えませんが「光」です。人間は誰もが真白な光で生まれて来ます。人間の成長と共に様々な経験を通して色をつけていきます。元の魂にたくさんの色を加えた方がよいのですが、明るい色をつけなくてはいけません。正しい前向きな考えや行いは明るく澄んだ色となりますが、マイナスの考えや行いは暗い色となり、真白だった魂を濁らせてしまいます。魂にも重さがあり、この世に対する恨みや憎しみや悲しみの念を残して死ぬと、自分のマイナスの想念で魂を黒く重いものにしてしまい、いつまでもこの世から離れられなくなります。地縛霊《じばく》とはこういう状態の魂のことを言います。

反対に、日頃から自分のことより相手のことを先に考えるような優しさを持ち、つらいことも楽しくなるような工夫のできる人、そして満足して感謝のうちにこの世を終えられる人は魂が軽く、明るく輝いているので、光の国への道も迷うことなく行かれるわけです。

とは言っても程度の差こそあれ、誰もが無意識のうちに自然を汚したり、誤解から相手を傷つけてしまったりというのは必ずあることです。魂が全く濁っていない人はいないので、その濁りを消すための修行が光の国で行われます。そしてもう大丈夫となると、魂の光をリセットされて次の人生へと再び旅立つのです。

人間の長い歴史の中で、あまりにも争いごとが増えすぎました。事件や事故が多すぎました。すんなり光の国に帰れる魂よりも、地縛霊や光の国に行く道が解らずに彷徨《さまよ》っている魂が増えすぎました。こういう魂を未成仏霊と言います。成仏できない魂が増えれば地球の光を濁らせることになります。地球の波動を下げることになります。

汚れた魂を綺麗にし、濁った光を輝かせ、落ちた波動を上げ、地球全体を美しく軽いものにしなければ取り返しのつかないところまで来てしまいました。汚れを清めることを浄化と言いますが、魂の浄化、地球の浄化のために働くことを役目として降ろされた人間がいます。

自分の役目に氣づき、努力して役目を果たしている人もいます。残念なことにいつまでも役目に氣づかず、それどころか新たにカルマを積んで魂を黒くしてしまった人もいます。頑張っているつもりなのに間違った考え方から道をそらしてしまった人もいます。是非《ぜひ》氣づいてほしいことがあります。

戦国時代に命を落とし、何百年もの間苦しんでいる魂がいたとします。何とか成仏したくて力のある人間を頼って来ます。浄化させることが役目で降ろされた人は霊感が強いのでそのことに氣づきます。問題は浄化の仕方です。正しい方法は「祈り」しかありません。両手を合わせ、真心《まごころ》から祈るのです。

「私を頼って来ている方がご成仏できますようにたくさんの光を届けます。どうぞ迷わずに光の国にお帰りください」と祈ってください。

合わせた手の平の間から光が溢《あふ》れ、祈りの言葉が光となって光の国への道すじをつけます。苦しんでいた魂はその光に乗って上へ上へと昇ることができるのです。

そうではなくて頼って来た霊を自分の身体《からだ》の中に取り込み、その霊に光を送り喋《しゃべ》らせている人がいます。中には感謝の言葉と共に光の国へ帰る魂もいますが、そうではなく、居心地が良いとなると、その人の身体の中に居座って、その人に命令するようになる場合もあります。確かに「霊」が話すのですから、本人は自分は力のある霊能者だと思い、良いことをしていると思っているのですが、とんでもない間違いです。本当に力のある霊能者とは高次元の神と繋がっている人間を指し、高級神のお言葉を頂くために相当の修行をした人のことを言います。そうではなくて低級霊に支配されるようになったら、命をも落としかねません。このことに関して神様に伺ったことがあります。

『そもそも自分の身体に霊を取り入れるというのは危険なこと。すべて理解したうえで本当の力を持つ者（力のある修行僧など）が行ったとしても絶対安全とは言い切れない。見た目に解り易《やす》い現象に走りすぎたのだろう。本当の恐ろしさを知らない。』

頼られる人は無意識に道ですれ違った相手に憑《つ》いていた霊を引き寄せてしまうこともあるようです。そういう人は直感で解るようですので、強く拒絶してください。できれば般若心経を口にして切ることです。

――ギャーテーギャーテーハーラーギャーテーハラソーギャーテーボージーソワカハンニャシンギョー――

これだけでも随分霊に入り込まれないように守って頂けます。何より自分の波動を上げるのが一番ですが……。

この世でやるべきことをやり遂《と》げ、満足して光の国に帰った魂は、生まれて来た時よりも光が大きくなっています。魂がいるところは意識の世界なので、光を大きくすることが魂にとっては最高に幸せなのです。光の国には「層」があり、同じ成仏できた魂でもこの世で人のために尽くしたり徳を積んだ魂は高い層に行くことができます。そして神様から褒《ほ》められ、自分自身が明るく輝き、次に生まれる時に良い条件を与えられます。

地獄、極楽とは意識の世界です。生きている自分が創り出す世界です。悪いことをしたり努力を怠ったり神様に背けば、自分自身で魂の帰る世界を暗く冷たく重苦しいところにしてしまい、自分から地獄に飛び込んで行くことになりかねません。この世での苦労が大きければ大きいほど、それを乗り越えた先には幸せな極楽が待っていると思えば、楽しんで頑張れるのではないでしょうか。

第２章

中級編

宇宙・次元・意識・UFO・神と仏・文明・
地神と宇宙神・魂の旅・過去世との繋がり

太陽が昇り月が輝き無数の星が瞬《またた》く大空をわたしたちは「宇宙」と呼びますが、宇宙に浮かぶ地球も地球に暮らす人間も宇宙の一部です。宇宙そのものも星も人間も突き詰めて考えれば「光」です。「神」もまた光です。数えられないくらい多くの神が数えられないくらい多くの役割を持ち、宇宙で働いています。ひとことで宇宙と言いますが、遠くの何万光年も離れたところだけでなく、自分の周りの空間はすべて「宇宙」なのです。遥《はる》か彼方の宇宙にいる神もあれば、今あなたの目の前の空間にいる神もあるのです。遠くにいる神にも目の前にいる神にも触ることはできません。距離の問題ではなく、神が物体ではなく「霊体」であり、「意識体」だからです。

人間はそれぞれの役目の種類や大きさに関係なく地球という限られた場所で生活していますが、神は役割に応じて存在する場所が違います。神の住まいを「次元」と言い、宇宙空間にある意識体としての光の漂うところを指します。次元とは光（神）の大きさ、強さ、種類を表す単位だと思ってください。波動（意識レベル）の強さ、高さを表す単位でもあります。

宇宙は四十の次元に分けられています。宇宙の成り立ちは神の成り立ちであり、宇宙の歴史は神の歴史です。そして、神の歴史は人間の歴史なくしては語ることができません。それほど神と人間は密接な関係なのです。

本書を手にしている皆さんが暮らしているのは「5次元世界」です。言い代えれば5次元の高い精神性を持った人間と5次元の意識レベルを持った魂が一体となって5次元という宇宙で生活していると言えます。人間が安心して暮らせるように環境を整え、見守り、導いてくださるのが守護霊をはじめとする「地神《ちしん》」の役割です。「地神」に対して「宇宙神」の存在もあります。5次元の人間が生活する現実世界から見ると、この世を終えて帰る「光の国」は6次元です。

「地神」が存在するのはその光の大きさやエネルギー（波動）の強さ、役割に応じて7次元・8次元・9次元と三つの次元に分かれています。どの次元も上の次元から下の次元を見ることはできますが、下の次元から上の次元を見ることはできません。親が亡くなって光の国に行くと、その世界からこの世にいる子や孫を見ることができますが、その反対のことは不可能です。「地神」を「魂の親」と考えてください。「ハイヤーセルフ」という言葉を聞いたことがあるかもしれませんが、文字通り「地神」を「高次元の自分」と思ってくださってもかまいません。

ハイヤーセルフは「神」ですので、もう生まれ変わる必要はありません。しかし人間と同じように、神も常に学び修行しなければ神自身の光を美しく保つことはできないのです。神の修行は人間と一体となって努力することですので、自ら名乗りを上げて魂となって人間の肉体に入り、再び数百回の転生を繰り返す神もいるのです。神のエネルギーは人間と比較できないくらい強いので、ほんの一部がハイヤーセルフから飛び出して魂となって人間に入ったり、神であるハイヤーセルフの自分と繋がったりします。

人間に直接影響を与えるだけでなく、海、山、大地を守るのも地神の仕事ですし、雨や雪を降らせたり、風を吹かせたりといった自然現象を司《つかさど》り、人間が無意識のうちに汚してしまった自然を浄化するのも地神の仕事です。目に見えないだけで一人の人間には常に多くの神がその人間を取り囲むように前になり後ろになってその人の行く手を浄化しています。汚れ、濁った光が漂っていると大事な人間が事件や事故に巻き込まれます。そうなっては大変なので、地神から役目を与えられて降ろされた地神の一部（子神様《こがみ》）や天使や精霊が、地上や空氣中や自然の中で一生懸命働いているのです。

人間と神の違いは、このようにして働く神が「何の見返りも求めず、与えられた役割を日々黙々とこなしている」という点です。人間と違って我欲がないからにほかなりません。せめてわたしたちはこのことを知り、感謝の氣持ちを持ちたいものです。

少しでも神の世界を理解し易くするために、敢《あ》えて神に名前をつけて擬人化しています。神社に祀《まつ》られているのが神で寺院に祀られているのは仏というように、わたしたちは神と仏を別々に考えがちですが、そうではありません。仏も神であり、その中には地神も宇宙神もいます。ただ、役割が少し違うのかもしれません。大日如来《だいにちにょらい》も毘沙門天《びしゃもんてん》も不動明王《ふどうみょうおう》も観音菩薩《ぼさつ》も、皆神様です。筆者自身が疑問に思っていたこともあり、お伺いしたことがあります。

『我々の世界では何が神で何が仏であるのか区別することもなければ別のものと考えることもない。分けたのは人間であって、より身近に浸透させるために良かれと思ってそうしたのだろう。』というお答えでした。

また、数多くある宗教についてもお聞きしました。

『国や風習によって考え方が違ってくるのは仕方のないこと。宗教というものも、指導していくのは難しいこと。すべての始まりを知り、その奥にある本当の光を見出せば、そのうえで何を崇拝《すうはい》しようとかまわない。』ということでした。

筆者も六十年間かかってやっと「本当の光」なるものの入り口に到達したところです。神様の世界は日々進化していますので、その変化についていくためには、人間が学ぶことに終わりはないと思います。本書に関しては「すべての始まり」を、すべての皆さんと、皆さんと一体となっている魂、魂を通してハイヤーセルフ、宇宙神、さらに高次元の神に知って頂きたいと思い、筆者自身のハイヤーセルフと共に書き進めています。神様も上の次元のことは人間を通してでないと学べないのです。

「地神」に対して「宇宙神」とはどういう存在かと言いますと、宇宙そのものを生み出した神様です。天体や星そのものであると言えます。くわしくは第3章で説明します。また、第4章のはじめにある「次元表」も参照してください。

次元で言うと大きく二つに分けて考えてください。11次元から17次元までが地球そのものに関係する神様です。17次元「国常立大神《くにとこたちのおおかみ》」は地球を生み出し、その後役目に応じて地球造りのために働く神を産み出しました。神の場合の誕生とは、大きな神が光を分裂させて小さく分かれたそれぞれの神に魂を与えることと言えます。国常立大神の最後の分裂が「伊耶那岐命《いざなぎのみこと》・伊耶那美命《いざなみのみこと》」という夫妻神であり、この方々をご両親として誕生したのが「地神」で最も力のある「天照大神《あまてらすおおみかみ》」です。9次元から上の次元の神は波動が高すぎて、たとえ一部であっても人間と直接繋がることはできません。波動（エネルギー）の違いから人間を壊す恐れがあるからです。しかし地球上の人間に対しては絶大な力を持つ天照大神様のご両親と最も縁の深い十柱《とはしら》の神に対して尊敬の氣持ちを込めて「十天上大神《じゅってんじょうおおかみ》」とお呼びしています。

天照大神様をお祀りしている伊勢神宮《いせじんぐう》、神武天皇をお祀りしている橿原《かしはら》神宮、明治天皇をお祀りしている明治神宮というように、地神は人格神（人格をそなえた神）です。

ハイヤーセルフの魂の一部を頂いて人間として生まれ、人間として暮らし、十分に光を大きくして神の世界に帰り、ハイヤーセルフと光を融合させて神としての光をより大きくする場合もあり、ハイヤーセルフから独立して新しい神となる場合もあります。

神になったらそれで終わりではありません。神としての仕事をしなくてはなりません。「八百万神《やおよろずのかみ》」というように、人間の数と同じくらい多くの人格神が役割に応じて7～9の三つの次元で働いているのです。

「宇宙神」を大きく分けたもう一方は、さらに上の次元である18～23次元に存在する神です。「天津神《あまつかみ》」と言い、天体そのものである神様、および天地開闢《てんちかいびゃく》に尽力された神様のことを言います。23次元「神漏岐命《かむろぎのみこと》」、22次元「神漏美命《かむろみのみこと》」、21次元「大宇宙大和神《おおとのちのおおかみ》」の三柱を「天津神《あまつかみ》」

と言います。天地開闢の働きをされた三柱20次元「天之御中主神《あめのみなかぬしのかみ》」、19次元「高御産巣日神《たかみむすびのかみ》」、18次元「神産巣日神《かみむすびのかみ》」を「別天津神《ことあまつかみ》」と言います。

日本の神社や寺院は神の御霊《みたま》をお祀りしてある聖地です。とても波動の高いところです。真摯《しんし》な氣持ちで参拝し、自分の波動を高め神と繋がることを役目として降ろされた人間もいます。

筆者が数多く導かれた中では、伊勢神宮はもちろんですが、そこから車で三十分ほどの「天岩戸《あまのいわと》神社」、京都 天橋立籠《あまのはしだてこの》神社奥宮「真名井《まない》神社」、宮崎県「高千穂《たかちほ》神社」、熊本県「幣立《へいたて》神宮」、京都鞍馬《くらま》寺本堂地下と奥の院にとても強い波動（エネルギー）を感じました。しかし役目があるからと言って誰もが参ることは危険な面もあります。一つ次元が上がるというのは、想像できないくらい神の波動が高くなります。5次元に暮らす人間が一氣に強い神の光を受けると、その反動で精神や身体に異常をきたすことになりかねません。

神様の手足となって働こうと思っている方も多いと思います。それには自分の波動を高めて神様と繋がらなくてはならないのですが、適切な指導者の元で徐々に神のエネルギーに近づく努力をする必要があります。

人間が理解し易いように神に名前をつけ、各次元に分けてあります。すべては「光」であるということを納得するのが人間の霊的成長なのですが、一足飛びにその思考になるのは難しいので、先ずは「見えないけれど確かに存在する世界がある」ということを解って頂きたいと思い、筆者が二〇〇八年十一月二十五日に京都天橋立で撮影したＵＦＯ《ユーフォー》の写真を紹介いたします（口絵①）。国常立大神様をお祀りしている籠神社と豊受《とようけ》大神様をお祀りしている奥宮を参拝した翌朝、引き寄せられるように橋立のたもとに行きシャッターを押すと、はっきりとたくさんのＵＦＯが写っていました。

神様にお伺いしたところ、『全体が青みがかっている方は水星からのもの。もう一方の全体が黄色みを帯びているのは火星からのもの。』ということでした。

筆者へのメッセージは、『あなたは龍神と水神に守られている。水辺で瞑想《めいそう》すると力を与えられる。あなたは役目が大きい。あなたの役目は与命者《よめいしゃ》。』と言われました。

自分の生まれたのが「辰《たつ》年・辰月・辰日」だったこと、無意識のうちに、ものごころついたときから神、仏に手を合わせていたこと、友達と遊ぶより神社仏閣に行く方が楽しかったことを考えると、人間とは自分の意思とは関係なく魂に刻み込まれたものがあり、人間か、神かどちらかと言うなら、間違いなく神の世界が主で人間は従なのだと思いました。

さらにメッセージは続き、『今はアセンションのための大切なとき。色々な星から多くの神が応援のために地球に来ている。いつも守っている。』とのことでした。

人間の中には、「宇宙人は悪者。宇宙人がＵＦＯに乗って地球を侵略しに来る」と思っている人がいるかもしれませんが、それはとんでもない誤解です。


人間は、夜眠っている間に、ほんの一瞬ですが魂が肉体を抜け出して旅していることがあります。ほとんどの場合記憶を消されていますが、たまに「夢」という形で記憶を残されたり、脳の一部にストックされていたりすることがあります。初めて行った土地の路地裏に足を踏み入れた途端に、「この場所知ってる！　来たことがある！」というようなこともあるようですが、これは魂が旅した記憶を突然人間の脳が思い出しているのです。

筆者とスタッフが和室を借りて忘年会をしたことがあります。その時一人の女性が部屋に入って周りを見回した途端、「この部屋に来たことがある」と氣づき、壁の小さなシミまで見覚えがあり、さらに次々に出される懐石《かいせき》料理の順番まで解っていたそうです。実際には全く初めて行ったお店であり、もちろん初めての部屋と料理でした。これなどはいわゆる「予知夢」を見たと言えるのでしょうか。

ＵＦＯを実際に見たという人もいますし、ＵＦＯに乗って宇宙に行き宇宙人に会ったという人もいるようです。その人たちが嘘をついているわけでは決してありません。ただ、実際に物質としてのＵＦＯがあったわけでも、人間と同じ形をし、同じ言葉を話す宇宙人がいたわけでもないと思います。あまりにも目に見えるものしか信じない人が多く、理屈の通らないことは頭から否定する人が多いので、一種の警告として見せられたり、魂での旅を、あたかも実際に肉体が出かけたように錯覚させられているのかもしれません。そしてその体験を世の中に広めることがその人たちの役目なのだと思います。

いずれにしても霊的能力（波動）の高い人にしか体験できないことです。神の波動と人間の波動が一致した、そのタイミングで神が存在を知らせるために発した光が、波調の合った人間にはＵＦＯや宇宙人として認識されたのです。

筆者はこの他に空に浮かぶ雲がみごとに龍《りゅう》の姿になっているのを見たことがあります。また聖地と言われるところの岩に明らかに神と思われるお姿が浮き出ているのを目にしたことは何度もあります。

魂の旅に関しては、波動の高い人が役目を持って無意識のうちに光を届けていることがあります。決して興味本位で真似《まね》することはしないでください。

また自分の波動を高めるために「心を無にして瞑想する」のは素晴らしいことですが、これも正しい指導を受けずに軽い氣持ちで行ったりすると、危険なこともあるようです。「魂が抜け出したまま戻れなくなった人がいる」と怖い話を聞いたこともあります。寺社のご神木《しんぼく》を金《かね》儲《もう》けのために勝手に切り倒したり、社殿にいたずらをするなどはとんでもないことです。

人間は永遠に続く「自分」の魂を持っています。どの人生も「自分」の肉体と一緒になって神になるための修行をしています。神になっても修行に終わりはありません。神としての役割があるから、神としての「自分」に力をつけるために、また人間として生まれ、努力しなければならないのです。

神としての自分を「ハイヤーセルフ」と言い、光のエネルギーの大きさを表す7次元・8次元・9次元のいずれかに、意識体として、光そのものとして存在しています。一つのハイヤーセルフが「自分」の光を三つに分けて三人の人間に入る場合が多いようです。元は同じ一つの光なのだから、同じ魂を持った三人の人間はすべて「自分」であると言えます。どの時代にも自分がいて、どの時代にも自分（と同じ魂を持った人間）が三人いると考えられます。

人間が築いた歴史の一つのまとまりを「文明」と言います。「メソポタミア文明」「インダス文明」「エジプト文明」「黄河文明」「シュメール文明」「ムー文明」「レムリア文明」「アトランティス文明」等と言われています。ピラミッドやモアイ像のように人々が生活していた痕跡《こんせき》を残すものもありますし、全くの伝説となっている文明もあるようです。

神が誕生したのも、古い時代のこともあり、新しい時代のこともあります。自分の魂の誕生がいつ、どの文明の時代か氣になるところではありますが、どの時代であっても長い歴史の経過と共にどうしても人間のマイナスの想念が増えていきます。「このくらい大したことないだろう」「自分一人くらいなら大丈夫だろう」というマイナスの氣持ちが集まると黒く濁った光が広がってその時代の文明そのものを維持していくエネルギーを落としてしまいます。数々の文明が消え去ったのは、人間が努力を怠り欲に走り、あるいは傲慢《ごうまん》になって己の力に酔いしれたため、それと共に一体となって人間を導くべき神が力を落としたために、文明全体の波動を落とし自ら滅《ほろ》びの道を歩んだとも言えますし、そのように黒い光を広めた人間と神に対して「大きな存在」の怒りをかったためとも言えます。

そのままにしておいたら、文明だけでなく地球全体に真黒い光が広がり、地球そのものが滅亡しかねません。地球が失くなれば、人間として生まれることも神が光を大きくすることもできないのです。一度文明を破壊して（これを大きな浄化と言います）人間と神の魂をリセットして新しくやり直すという作業が、過去何回か繰り返されてきたのです。

今、世界中にいる人たちの魂の歴史は一万二千年前に始まったと思ってください。一組の成人の男女が今で言うエジプトの地に降ろされました。「アダム」と「イブ」です。その時から二千年後、今から一万年前にアメリカ・セドナの地に後に「ホピ族」となる人間二十五人が降ろされました。こうして人間の歴史が始まりました。そして記録にも残らないような小さなものも含む数々の文明の興亡を繰り返して今に至っています。

皆さんが人間として最初に誕生したのがどの時代のどこの国だったのかは解りませんが、その後何度も転生を繰り返して今世を迎えました。「魂のグループ」というのがあり、役目に応じてどの時代も決まった同じ魂が集まって行動を共にしています。過去世で全く縁がなかったのに今世いきなり親子になったり夫婦になったりということは有り得ません。

筆者は自分の母親とは過去世で何度も出会っていますが、一番密接な関係だったのは、今から千五百年も前に日本で筆者を神官として教育してくれた時でした。父親とは、六百年ほど前に筆者が城の殿様に仕える神官だった時に、父が筆者の長男として生まれています。その当時の筆者の妻が今世の夫です。外国で生まれた時にも何回も縁がありました。紀元前十三世紀という遠い昔に古代イスラエルに生まれた時には理由《わけ》あって母が二人いましたが、生みの親が今世の母で、当時の兄が今世の夫、姉が今世の二女だったようです。

——表面的にはごく普通の家族がいました。夫婦と長男、長女が二階に住み、二世帯住宅として建てられた下の階にはご主人のご両親が暮らしていました。奥さんは再婚で七歳の息子を連れて嫁ぎ、結婚後まもなく長女が生まれました。ご主人は結婚当初から長男に対して冷たい態度をとり、ご主人の母親も孫とは認めないような態度で、いじめとも思われるような言葉を口にしていたようです。とにかく異常なほどご主人とお母さんとは仲がよく、ご主人は二階にいるより下にいる時間の方が長いくらいでした。

長女が幼稚園に入った頃にご主人は職場の同僚の女性と深い関係になりました。休日には長女を連れてこの女性とデートしたこともありました。当然奥さんの知るところとなりました。母親は不倫《ふりん》した息子を諭《さと》すどころか、不倫された方の奥さんに対して「出て行くように」というようなことも口にしたようです。その後、ご主人のお兄さんの説得もあったのでしょうか、ご主人と女性との関係はきっぱり切れたようです。しかし一度できた夫婦間の溝《みぞ》は埋まりませんでした。特に自分が一番苦しんでいる時にご主人から言われたひとことがどうしても許せないと奥さんは言いました。——

この家族はとても霊性の高い魂を持っています。特に妻と長女は霊感が強く、神の言葉を話したり、オーラを見たりという力も持っています。今世は宇宙にいる「大きな存在」から重要な役目を与えられて降ろされました。その役目を果たすには神の高い波動が必要であり、二人の魂の濁った部分を消さなくてはなりません。過去世でのカルマを返し、魂を浄化しなくては、神の波動は与えられません。お役目は頂けません。この方の場合、今世での出来事だけを見れば明らかに被害者とも言えます。悪いのはご主人とお母さんということになるのかもしれません。

次にこの家族の過去世でのある出来事を記します。

――古い古い時代、紀元前の今で言うイラク南部の地に、大変力のある王がいました。残念なことに妻との間に子供がいませんでした。どうしても王の子孫を残さなくてはならないと思った妻は侍女《じじょ》に頼み込んで王の子供を産んでもらいました。ところが皮肉なことにそれから何年か後に本妻である自分に王の子供が授《さず》かったのです。どちらも男の子でした。

その後何も知らずに成長した子供たちは、子供らしい悪ふざけから侍女が産んだ子供が本妻の子供をいじめたりすると、本妻は怒りを隠せないようになりました。いずれ侍女の産んだ子供の方が自分が産んだ子供を差し置いて王の座に就くのではないかという想いに取りつかれるようになりました。

結局、侍女の子供が七歳くらいになった時に、本妻は王に侍女とその子供を砂漠に追放するようにと願い出ました。王は「自分にとっては二人ともかわいい我が子。そのようなむごい仕打ちはできない」と言ったのですが、本妻は我が子かわいさなのか、自分の地位を守るためなのか一歩も譲らず、根負けした王は妻の願いを聞き入れるしかありませんでした。幼い子供と若い母親はたった二人だけでほんのわずかなパンと水だけを与えられて砂漠に放り出されたのです。

昼は灼熱地獄、夜は凍えるような寒さの中、毒蛇や猛獣に対する恐怖、着のみ着のまま、空腹と喉の渇きにあえぎながらどのくらい彷徨《さまよ》ったことでしょう。確認し合えるのは、頼れるのは、母と子の深い愛情以外何もありませんでした。

力尽きてついに一歩も歩けなくなった時に、虫の息の下で幼い子供は母親に対する心からの祈りをしました。子供の真心からの祈りが天に届きました。母は目の前に井戸を見出し、「おまえの息子は必ず大きな国の王になる」という神の言葉を受け取りました。――

この時の本妻が今世の奥さん、砂漠に放り出された息子がご主人、そしてご主人の母親が侍女です。さらに奥さんの長男が当時の本妻の息子だったのです。つまり何千年か前に母子だった二組が今世また母と子として巡り合ったのです。ご主人とお母さんの結びつきが異常なほど強いのは、これ以上ないほど過酷な体験をたった二人きりで手を取り合って乗り越えた時のことが魂にしっかり刻み込まれているからです。

カルマというのはこういう形で出て来るということもあるというのを解ってほしくて書きました。だからと言って今世ご主人やお母さんが仕返しをしていいことにはなりません。いくら魂が憎しみや悲しみを覚えていたとしても、人間性を磨いてマイナスの氣持ちを乗り越えることが今世の修行なのです。今世こういう形で出会ったということは、カルマを返し魂を浄化するチャンスでした。もちろん誰も過去世での出来事には氣づいていません。たとえ今記憶として残っていないことでも、人は誰もが自分の犯した罪は自分で償わなくてはならないのです。

奥さんにしても、今世で我が子に対して冷たくされた悲しみ、つらさ、我がままなご主人との生活の苦しさは大変なものだと思います。しかしそれを乗り越えてこそ人間的に成長し、過去に自分が犯した罪が消されるのです。我慢して結婚生活を続ければよいと言っているのではありません。ご主人との間にピリオドを打って新しい生活を始めるのも選択肢の一つです。この場合、ご主人やお母さんにマイナスの感情を残さないことが絶対条件ではありますが。そうでないなら自分の考え方、つまり意識レベルをご主人より上に持って行って、すべてを受け流すくらいの大きな氣持ちにならなくてはいけません。

濁った光を美しく輝かせるか、さらに黒い光にしてしまうかは自分次第なのです。奥さんとしては今は家庭も落ち着いてきたし、何とかうまくやっていきたい氣持ちの方が強いようです。「……でも、一番苦しかった時に夫から言われたあのひとことだけは絶対許せない」と言います。ご主人から言われたそのひとことこそ、かつて昔自分が相手に対して放った言葉だったのですが……。

神様や魂と同じように、氣持ちや考えというのも目に見えるものではありません。しかし神様は人間の思っていることはすべてお見通しです。どうしてでしょうか？

皆さんは「魂」とは身体の中にあるものとお考えでしょうが、その人の身体の外側にあり、その人全体にピッタリ貼りつくようにその人を包み込んでいるのが「魂」だと思ってください。魂というのは目に見えない光としてその人間を覆っています。これを一般的に「オーラ」と言います。自分の考えていることや細かい感情の変化などもすべて「光」として表れます。神様は光の変化をご覧になって、その人の心の動きを判断しているのです。

生まれたばかりの赤ちゃんの光は真白です。人間としての本能以外の何もないからです。成長するにつれて経験を通して様々なことを学び、考え、自分の持っている光に「色」をつけていきます。一つの経験、一つの考えが「色」となってその人の光に加わります。大切なことは、たくさんの色をつけ、しかもその色を輝かせなくてはならないという点です。前向きな正しい行いやプラスの考え方は明るく澄んだ色になり、怠けたり悪い行いをしたりマイナスの考えを持つと、暗く濁った色になります。

世の中に「善」や「悪」そのものが存在するわけではありません。何かに出会った時に、その事柄やそのものを善にするか悪にするかは人間なのです。例えば「お金」そのものに善悪はありません。人を騙《だま》して、あるいは奪って金を手に入れ、その金を悪いことに使う。そうなるとその人間の光も、その人間が手にしたお金そのものも濁ってきます。光を濁らせることを「波動を落とす」と言います。お金の波動を落とし、悪に利用したことになります。

悪人が近づいて来たとします。一見立派な身なりをして愛想の良い人だった場合、自分には見えなくても自分と一体となっている魂が一瞬で相手の光を見抜きます。そして守護霊が人間に対して「何だかよく解らないけれど嫌な感じの人だから深くかかわらないようにしよう」という直感を与えます。同じように光を濁らせた人と出会えば、同じ波動の人同士で波長が合うわけですから、仲間が増えることになるのでしょう。

守護霊というのは人間を守る神様ですが、守っている人間の努力次第で守っている神の力も変わります。人間が努力しないで波動を落とせば神の力も弱まります。神様は人間と一体となって神様ご自身が成長するための修行をしているのですから、「この人間はもう見込みがない」と判断すれば、その人から離れてもっと努力している人の守りにつくでしょう。守護している神がいなくなれば悪い神や偽《にせ》の神が入り込むこともあるかもしれません。

お金の波動を落とす人がいるかと思えば反対に波動を上げる人もいます。「お金とは人を幸せにするために使うものだ」ということが解っている人もいます。貧しい国に出かけて私財を投じて学校を建てたり井戸を掘ったりと、生きたお金を使っている人もいます。その方の持つ光に「愛」「真心」の色をつけ、明るく輝くことは間違いありません。高い波動の人です。たとえ自分の身なりはかまわずぶっきらぼうと思われるような態度であっても、その方の強い「氣」というのは必ず感じるものです。

このように人間を覆っている光は、心と連動しています。嬉しい時、楽しい時、幸せな時は光がキラキラしています。反対に悲しい時、悔しい時、苦しい時は輝きがなくなります。強い意志で決断した時、勇氣を出した時、困難を乗り越えた時には光が大きくなります。

最も良くないのは人を恨んだり憎んだり、呪ったりひがんだり、未練な思いが強くなった時です。光は暗く濁り、黒くなります。

守護霊もハイヤーセルフもこの光の変化を見ていますが、波動が高すぎて直接人間に影響を与えられないほど高い次元にいる神も、人間の持つ「光」をご覧になっているのです。

第３章

上級編

光・魂の繋がり・ライトワーカー・創造の大神・
霊界の闇・黒い光・波動調整・神国日本と天皇

『地球という星が生まれた時、生まれたばかりの時は、特徴的な星ではなかった。そこに命を吹き込んだ。水を与え、山を与え、人間も生まれた。というより与えたのじゃ。海は輝き、山は輝き、とても美しい星となった。宇宙の中でも本当に美しい星となり、神にとって休まる場となったのだ。

人間が増えていくと争うことが増え、今まで知らなかった見たこともない感情が見えてきた。想像していたよりも遥かに人間というものは複雑だったのだ。予定していたようにはいかなかったが、それでよいのだ。これから先も予定していないことが起こるかもしれぬ。未知の世界だ。人間がどうなってしまうのか、正直解らぬことも多い。

しかし地球が生まれた時の美しさ、自然が輝いていた時の美しさを人間にも見せたいのじゃ。争いが増えれば自然も汚れてしまう。空氣が淀《よど》んでしまう。人間の行動は予測不能であるからこそ、最後まで信じたい。』

これは「創造の大神様」のお言葉です。「地神」「宇宙神」と順に次元が上がり、さらにその上に存在するのがあらゆるものの創造の本《もと》となっている「創造の大神様」の世界です。次元にすると27～39次元であり、お名前を挙げると、「クワンオン様」「サナートクマラ様」「大奥《おおおく》の大元《おおもと》様」のお三方となります。

「クワンオン様」は27・28・29次元に位置し、強《し》いて名づけるとすれば宇宙連合副司令官であり、主に30次元以上の神と23次元以下の神を繋ぐ働きをされ、地神全体をまとめる役割があります。地神の「観音様」はクワンオン様の光を分裂して独立した神様であり、日本人が発音し易いように、また親しみ易いようにこの漢字を当てはめてあります。

「サナートクマラ様」は30・31・32・33・34次元に位置し、強いて名づけるとすれば宇宙連合総司令官であり、宇宙に浮かぶ天体をまとめ、さらに上の次元からの指示を受けて宇宙神を動かす役割があります。

35次元から上を「大奥」とお呼びします。絶大な力を持つサナートクマラ様でさえ理解できないほどの力があり、あらゆる神にとって雲の上の存在であるところから「大奥」と言い、大奥でお働きになる神を「大元様」と言います。

さらに大奥の中においてさえも雲の上の存在であり、大奥に隠された神を39次元「最高神」とお呼びします。

「最高神」のことを理解するのは、神でさえ無理です。誰にも解りません。ただその偉大な存在を感じることです。どこまで見上げることができるのかは、それぞれの立場で違います。「あの雲の上に存在するのだろう」と想像するしかありません。それでいいのです。

今までは想像すらできませんでした。その機会を与えられなかったからです。最高神を見上げることで、理解しようとすることで、神は自らの光を大きくすることができます。そして光を大きくすることが喜びであることは、すべての神が解っていることです。最高神のために働くことが自らの輝きを増すことに氣がつけば、それだけでも神にとっては大きな成長なのです。そして、人間を通してでなければ、神は学び理解することができないのです。

人間が成長する最終目的も神が成長する最終目的も同じです。最高神を理解し、最高神の手足となって働くことが一番の成長であり一番の目的なのですが、それはあくまでも「最終的に」ということです。

人間にしてみれば、人間としての人生を全《まっと》うすることにより魂が成長します。その魂とは神であり、神が成長してやがて最高神の役に立つのです。人間は誰もが生活していくうえでの役目と霊的な役目を与えられていますが、その中でも特に大きな霊的役目を与えられた人間がいます。その人間を「ライトワーカー（光の使者）」と言います。

すべての本《もと》は「光」です。物質も神、魂、霊といった目に見えない存在も、すべてを分解していけば「光」となります。言葉もエネルギーとして分解すれば光の粒となります。言葉を発して何かを伝えていく時には「光」として伝わり、届けられます。心というものは考えることで存在しますが、その考えることも「光」なのです。

神も「光」であり人間も「光」ですが、光の量というか、割合が全く違います。次元が上がるほど光が大きくなり、エネルギーが強くなります。「最高神」とは人間が考えられる事柄すべてを含んだ巨大な光のかたまりです。最高神の光を分裂させた順に次元が下がって行きます。分裂が早いものほど最高神の光に近いのでエネルギー（波動）が強いのは当然のことです。そうなりますとわたしたちの暮らす5次元地球は最も最高神から遠い、波動の低い世界ということになります。

「地球」は大宇宙に浮かぶ星の中でも特別な存在です。神々が魂を休ませるオアシスとして創られました。豊かな自然環境を整え、動植物を生み、最後に宇宙の光と繋がるために人間が降ろされました。「ライトワーカー」という言葉を使いますが、わたしたちの中には「光の使者」

として大きな魂を持って降ろされた人間が三百人います。99パーセントと言ったらよいでしょうか、ほとんどの人間のハイヤーセルフは「地神」ですが、ライトワーカーは「宇宙神」をハイヤーセルフとしています。大変大きな役目を与えられています。世界中で何十億人といる中の三百人です。いかに重要な役目なのか、大きな責任を背負わされているかが解ると思います。言わば魂の精鋭部隊です。さらに、わずか十二人の人間が「創造の大神」をハイヤーセルフとしています。世界中に宇宙の光を届けるために、中心となる魂を持つ十二人が必要に応じて十二か所に分けて降ろされ、それぞれの地で一人の中心軸に対して二十五人のライトワーカーがサポーターとして集められて最高神の指示を受け、宇宙の光を広めていると考えると解り易いと思います。この数字はあくまでも目安として考えてください。さらにライトワーカーをサポートする人間がいなくては役目を果たせませんので、すべての人間が人間と一体となっている神と共に役目を果たしているのです。そしてその役目も大きなところでは変わりませんが、宇宙の変化に合わせて、細かいところでは常に変化しているのです。

中心軸となる人間の魂とライトワーカーの魂はとても複雑です。役目がたくさんあり、必要に応じて光（魂）を組み合わせたり重ねたり、割合を増やしたり減らしたりされています。中心軸となる人間とライトワーカーとの線引きも難しいところです。特別な魂を持った特別な人間だからです。

宇宙神とクワンオン様の間にあるのは「光の元」の次元です。各次元に存在する神には名前がついていますが、「光の元」に名前はありません。「光の元」は神ではなく神の魂をも左右する「エネルギー源」なのです。地神と繋がっている人間が命を終えて帰るのは6次元の光の国です。そこで光の充電をして再び人間として生まれ変わって来ます。次に生まれる時は6次元の光をエネルギー源として持っています。それと同じで、宇宙神の魂を降ろすにはエネルギー源として「光の元」の魂が必要なのです。ライトワーカーの役目を与えられた人間は生まれた時に「光の元」の魂を持ち、

■図表1 「光の元」の数

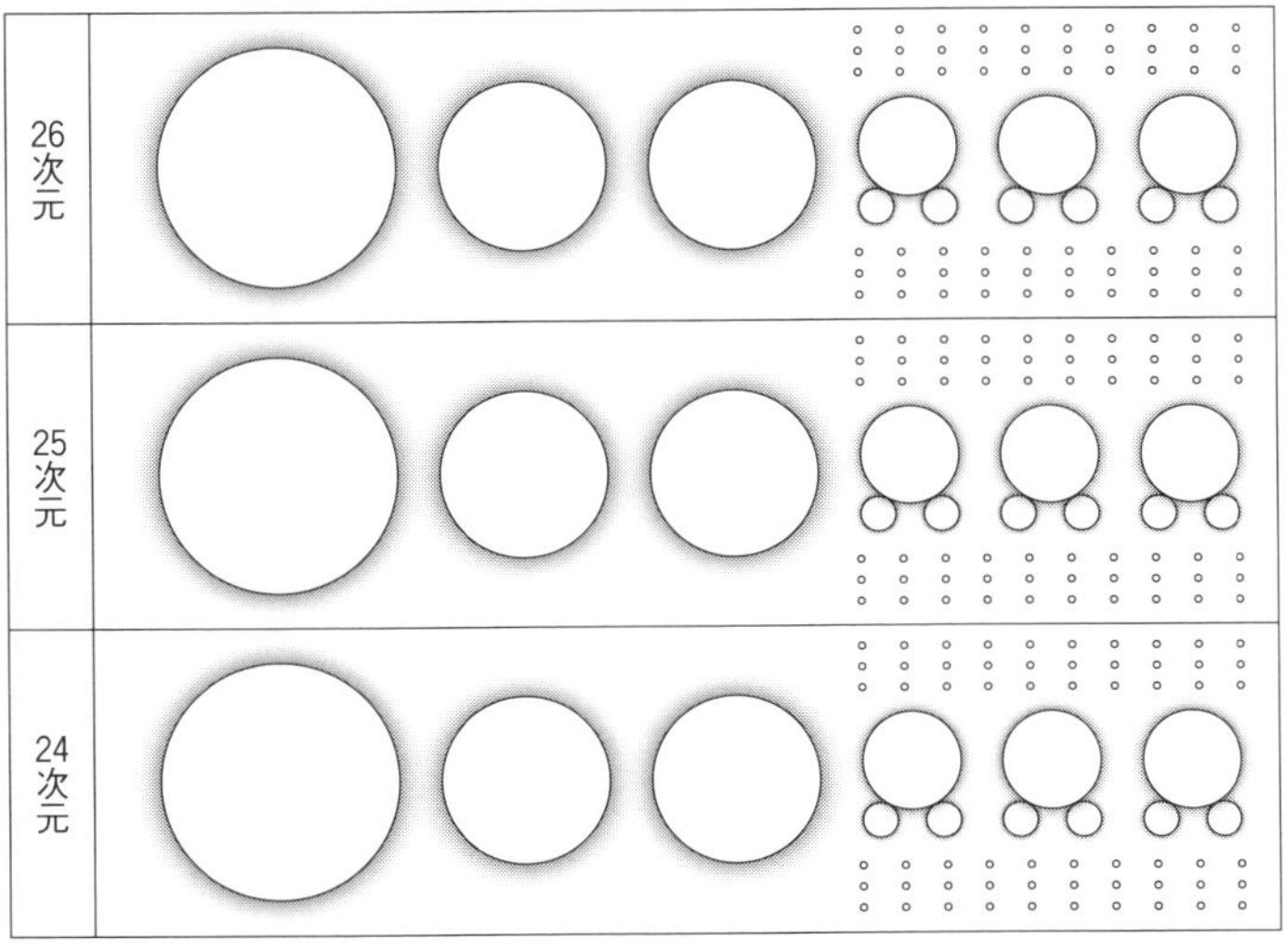

霊的修行を重ねて宇宙神の魂を重ねて役目を果たしているのです。

「光の元」の数は決まっています。一つの次元に超特大の光1、特大の光2、大3、大3をサポートする光がそれぞれ2で合わせて6、その6をサポートする光がそれぞれ10で合わせて60あります。大小合わせて72のエネルギー源が同じ形態で三つの次元に存在します。

そして26次元光の元を動かせるのが大奥の大元様、25次元光の元を動かせるのがサナートクマラ様、24次元光の元を動かせるのがクワンオン様となっています。

最高神に近い神ほど最高神の光の割合が多いので波動が高く力は大きいのですが、高い方が良い、大きい方が良いということはありません。次元ごとに分かれた神にはそれぞれに役割があります。すべてが大切な役割、役目であり、どの次元の神がいなくても宇宙は成り立っていきません。無駄な光などなく、エネルギーの違いこそあれ、どの神が偉いとか偉くないとかいったことはありません。どんなに光が大きくエネルギーのかたまりであっても、最高神だけでは何もできないのです。

会社の組織に当てはめて考えるとよく解ると思います。最高神＝社長、創造神＝幹部、光の元＝本部長、宇宙神＝部課長、地神＝係長と一般社員、といったところでしょうか。

『正直言って人間のことはよく解らん。』と大元様はおっしゃいます。社長が平社員一人一人の細かいことまで把握できないのと同じです。だからこそ会社では各部門をまとめるために「長」とつく責任者がいるのです。神の世界も大きくは「地神」「宇宙神」「創造神」と三つに、そしてさらに細かく三十九の次元に分かれています。

人間の世界と神の世界では少し違うところがあります。人間界では新入社員と社長が同席しても何ら問題はありませんが、神界ではそういうわけにはいきません。下の次元から上の次元を見る（知る）ことはできず、上の次元からだったら下の次元を見ることはできるのですが、これにも限度があります。高い次元の神が近づくと自分の持つ強いエネルギーで無意識のうちに下の次元の光を吸収してしまうことになります。万が一光を吸収してしまったら、その次元の神は消えてしまいます。神が消えたらその神と繋がっている人間も消えてしまいます。一大事となります。ですから、神の世界ではとても慎重です。

神の役割は次元ごとにはっきりと決められていて、任せたことにはやたらと口出しすることができません。上からの指示によって動くのではなく、自らの力で氣づいて働くことによって各次元の神の波動が上がります。強い責任感と勇氣がそれぞれの光を大きくします。直接の指示ではなく「ヒント」という形で上の次元から下の次元の神に伝えられます。しかし下の次元の神が上の次元のことを知るには、一体となっている人間に頼るしかありません。人間が努力して宇宙の真理を学ぶことで、その人間を通して神も高次元の世界を知ることができるのです。

宇宙のことは宇宙神が一番よく解っているように、地球に関することは「地神」が一番よく知っていて、地神の力が一番強く影響します。実際に地神と繋がっている人間が100パーセント近くいて、それに加えて自然を守る神や天使や精霊も地神が動かしているのです。高次元の大きな神はただ見守ることしかできないのですが、しかし地球で働く神も宇宙の光を受け取らなくては役目を果たすことができません。そこでライトワーカーの役目を与えられた人間が宇宙神と繋がって宇宙の光を降ろし、地球の隅々にまで光を届けているのです。

そして宇宙に関しても地球に関してもあらゆることに対して絶対的権限を持っているのが「最高神」です。創造の大神は最高神の指示を的確に受け取り、伝えなくてはなりません。一つ次元が変わるごとのエネルギーの差は想像もできないほど大きいのですから、自分の光を消されないように、相手の光を消さないように受け取ったり伝えたりするのは至難《しなん》の業《わざ》です。ですから各次元には大きい神の他にお遣《つか》いの神や天使、精霊、眷族《けんぞく》という数多くのサポーターがいて神がその力を十分に発揮できるように働いているのです。

「創造の大神」に関して表にしてみましたのでご覧ください。神の世界には人間が話すような「言葉」はありません。しかし人間と同じように「想い」というのはあります。人間のように

■図表２　「光の元」の数

39次元	創造の大神	大奥	最高神	遣いの神30	大天使・眷族神100
38次元			大元様１	同	同
37次元			大元様２	同	同
36次元			大元様３	同	同
35次元			大元様４	同	同
34次元		宇宙連合総司令官	サナートクマラ様１	遣いの神50	中天使・眷族150
33次元			サナートクマラ様２	同	同
32次元			サナートクマラ様３	同	同
31次元			サナートクマラ様４	同	同
30次元			サナートクマラ様５	同	同
29次元		副司令官	クワンオン様１	遣いの神100	小天使・眷族100
28次元			クワンオン様２	同	同
27次元			クワンオン様３	同	同
⋮			⋮	⋮	⋮

口から言葉を発して想いを伝えるのではなく、テレパシーで受け取る、というか感じるのです。その作業にもエネルギーが動くので、最高神の想い（テレパシー）を受け取れるのは大元様1だけです。大元様1→2→3→4とテレパシーで伝わり、大元様の想いを受け取れるのはサナートクマラ様1だけです。サナートクマラ様1→2→3→4→5とテレパシーで伝わり、サナートクマラ様の想いを受け取れるのはクワンオン様1だけです。そして、クワンオン様1→2→3とテレパシーで伝わります。

　伝達ゲームのように伝わる指令がきちんと届いているかどうか氣になるところです。この形式は一番下の次元、つまりわたしたちの世界にもあてはまります。創造の大神をハイヤーセルフとしている人間十二人は繋がっている神の想いをテレパシー的に「直感」という形で受け取ることしかできません。高次元の想いを受け取り、こちらからも想いを伝えるために、月一回の「宇宙会議」に魂で参加しています。十二人以外にもライトワーカー数名が加わり、各次元ごとに打ち合わせをしています。もちろん記憶を消されているので、自分の魂が月一回夜眠っている時に身体から抜け出してとんでもなく遠いところを旅しているなどと氣づいている人は誰もいません。

すべての神、すべての人間に言えるのは、「氣づく」ことです。「氣」は「エネルギー（力）」を意味します。「氣づく」の「氣」に「米」を当てているのは、「米」は最もエネルギーの高い食べ物だからです。「氣づく」とは「氣」（エネルギー）がつくことで、霊的波動が上がります。わたしたちの周りで起きるあらゆることには意味があります。たまたま、偶然に起きたように人間の目には見えても、すべてが計算され、計画されたことです。しかもそれは「ヒント」にすぎません。直感を研ぎ澄まして、普段と何か違うことが起きた時には、「これは神様が自分に与えてくれたメッセージかな？」と考える癖《くせ》をつけるようにすると、氣づきも速くなり、次々に新しいヒントを受け取れるようになります。そして次の段階では、「神様はこのヒントを通して何を教えてくださっているのか?」と考えることが大切です。自分がどう感じるか、考えるかが大切なので、その人の考えが「正しい」も「間違っている」もありません。ある意味答えがあってないようなものですので、ためらわずに氣づいたことを口に出すとよいのです。

答えはなくても解釈の仕方が何通りもある場合があります。尊《とうと》い経文も七通りに解釈できるものがあるようですが、ヒントに氣づいた瞬間には表面的にしか解釈できなかったものが、半年後、一年後にはそのヒントのさらに深い意味に氣づくことがあります。この状態を「力がついた」とか「波動が上がった」と言うのです。

人間ばかりでなく、神は人間の思考を通して学び、氣づき、ご自分の光を大きくします。すべての人間とすべての神が心を一つにして、それぞれの光を尊重しながら良い影響を与え合い、美しい平和な地球を築いて行きたいものです。急ぐことはありません。自分のペースでよいのです。

とは言ってもやはり役目の大きさが違いますので、「光の元」の魂を持って降ろされた人間と「創造の大神」の魂を持って降ろされた人間は、先ずは「自分には大きな役目があるのだ」ということを自覚しなければ何も始まりません。自覚したうえで役目とは何なのかを考えます。大きな意味でとらえると最高神をサポートするのが役目ですが、だからと言って最高神をサポートできる人間はほぼいません。そうなると最高神の魂を持つ人間、またそこにかかわる人間をサポートすることが目の前の役目と言えます。

世の中には大きく分けると「陰」と「陽」のように二つの力が働いています。「善」と「悪」も同じです。このバランスを考えるのはとても難しいところです。悪が強すぎても善が強すぎてもいけません。人間は片方の世界を知るだけでは成長できないので、バランスを知って成長するために「両極」(二元性)が与えられました。人間の成長のために与えられた悪は、いわば必要悪とも言えますが、そうではなくて長い歴史の中でその善悪を超えた悪が生まれ大きくなって行きました。

悪は大きく三つに分けられます。一は第一章で書きましたが「地縛霊」です。二は「巨悪」と化した光の元からの使者、三は大奥の裏切り者です。

宇宙が誕生したのは今から百三十九億年前と言われています。地球が誕生したのが四十六億年前で、一番最初に人間が地上に降りたのは四億年前です。大奥には最高神を含めて五人の大元様がいますが、この頃(四億年くらい前)は全部で七人でした。この中の二人が最高神を裏切りました。いつ頃、何が原因で裏切ったのかは誰にも解りません。始めは純粋に働いていた二人でしたが、あまりにも力のある最高神に嫉妬《しっと》したのでしょうか、それともあまりにも美しい地球に魅了されてしまったのでしょうか。大奥という光り輝く高い次元を抜け出して、闇の世界に入り込み、「悪の大元」となりました。たとえ中身が黒く濁っていても、光の大きさにおいては他を圧倒しています。光の元の大きな魂を持った人間に入り込むスキを狙っていました。

大きくとらえて一万二千年前に始まった今回の文明において、常に悪が動いていました。正しい人間の持つ純粋に光り輝く魂に入り込み、その光を暗く濁らせ、仲間を増やそうと躍起《やっき》になっていました。操れる人間、利用できる人間を虎視眈眈《こしたんたん》と狙っていました。ついにそのチャンスがやって来ました。

――紀元前九世紀頃のイスラエルでの話です。力のある王に嫁いだ妃《きさき》がいました。人間的に成長していなかった王妃は自分の立場を利用して夫である王をそそのかし、悪の限りを尽くしました。残虐的な性質をむき出しにして、自分の楽しみのために数多くの罪のない者を殺しました。その数は四万人を超えていました。王はこの時代の歴史を創るために降ろされた「創造の大神」の魂を持った人間です。王妃は王をサポートして働くことを自ら決めて生まれて来た光の元の魂を持つ人間でした。ところが人間として生活するうちに我欲の虜《とりこ》となってしまったのです。

王のハイヤーセルフは何とか王妃を改心させようと百人の光の元を降ろしました。数多くいる部下百人に力のある正しい光を入れたのです。ところが王妃も特大の光の元のエネルギーを持っています。力においては王妃の方が上でした。王妃は改心するどころか、部下を手なずけて悪事に引きずり込みました。ミイラ取りがミイラになった部下の一人が悪の大元と繋がりました。悪の大元はこのチャンスを待っていたのです。悪の大元と繋がった人間を通して黒い光を広めるのに時間はかかりませんでした。王妃を改心させるために降ろされた光の元百人は悪の手先となり、悪の三昧《ざんまい》を尽くし、悪を謳歌《おうか》するようになりました。この時に悪の大元は人間の操り方を覚え、その後、どの時代もこの時の光の元が狙われ続けるようになりました。——

筆者は二〇一〇年七月にサナートクマラ様からそれはそれは厳しく叱りつけられたことがあります。『許されることではない‼』と頭から怒鳴られました。筆者自身がこの時の王だったのです。涙がポロポロこぼれ、心の中で「申し訳ありませんでした。お許しください」と心からお詫《わ》びしました。『……おう、おう、光が来たぞ。よい、許そう。皆が許すと言っている。』とのお言葉にどんなにホッとしたことか解りません。

筆者の過去世は僧侶や巫女《みこ》が多く、今世においても子供の頃から神社仏閣に参る生活でしたが、この時のカルマを返すために、そして自分の力ではどうしようもないほど波動を落とした光の元のために祈っていたのだということがよく解りました。

筆者の光を受け入れて改心した光の元もいます。最後まで許されなかった王妃もついに許されました。しかし光を拒否した光の元は後に巨悪の魂となりました。世界中の何人かの身体に入って、どの時代も悪事を重ねてきました。この世への未練が強く、光の国に戻ることを拒否し、自分たちの仲間を増やそうと狙っている「地縛霊」と光の元からの「巨悪」を操って悪の光を広めようとする悪の大元の目的は、人間を支配して地球を我がものにすることでした。

世界各国での戦争や多くの死者を出した自然災害、悲惨な事件や事故は、すべて「悪」が引き起こしたものです。世界大戦も大型台風も列車転覆事故も、悪の大元が陰で糸を引き、巨悪の魂を持った人間と地縛霊により悪に引きずり込まれた人間とが実行したものです。悪の最終目的を達するためには多くの人間の命を奪い、正しい神を闇の世界に堕《お》とし地球を真黒い光で覆わなくてはなりません。地球が黒い光で覆われれば、宇宙神が宇宙の光を送っても、創造の大神が最高神の光を送っても、地球に届くことはありません。最高神の生んだ地球は滅びることになります。

そうはさせまいと、創造の大神の魂を持って降ろされた人間と改心した光の元、新しく降ろされた光の元は宇宙からの強いたくさんの光を降ろし、黒い光が広まった地球と悪の入り込んだ人間を浄化することに一生懸命働きました。黒い光がベッタリ貼りついているのです。「災害」という形にはなってしまいますが、悪の根っこの部分を掘り起こし、洗い流す必要がありました。それからでないと最高神の光は届けられません。年末に大掃除をしてから鏡餅《かがみもち》を供えるようなものです。

今世は「悪」が勝つか「正」が勝つかの最後の勝負の時でした。宇宙からの「助《すけ》っ人《と》」もたくさん送られました。地球のことは地球の神と人間が頑張らなくてはいけないのですが、スムーズに歴史を創れるように、過去においてもポイントごとに宇宙からの使者が短期間助っ人として手伝いに来てくれています。皆さんが想像するような宇宙人が来たのではありません。星を生み出した神様がいます。宇宙神とも言いますが、一つの星にはその星を守るためにたくさんの魂が働いています。その星の「生命体」と考えてください。地球より遥かに高い意識レベルを持っています。「人間」という生命体が存在するのは地球だけです。次元が高すぎて、波動の違いから、宇宙の星に存在する生命体は人間とは異なり、光そのものです。今の世の中には「金星人」が、たくさん活躍してくれています。「金星」は「サナートクマラ様」の星です。

もちろん本人は氣づいていないことですが、25次元光の元の魂と金星の高い意識レベルを持った人間が数多くいます。同じように他の星からも、その星にしかない光を持って生まれて来た人間が何人かいます。すべてが悪との戦いのためでした。

悪は人間の思考にも入り込みました。創造の大神様のお言葉を引用します。

『日本の歴史は犠牲者の歴史と心得よ。今の繁栄は数限りない名もなき弱き多くの純粋な人々の死によって築かれたものだ。しかしよくよく考えよ。特に明治以降だ。悪による「近代工業の発達」といういかにも善《よ》きことの看板の下《もと》で何をしてきたか。元々あった日本人の「こころ」を売り渡したのだ。そうしてきた者が多いのだ。国のリーダーと称される者から一斉《いっせい》に強いられた考え方、それによって中毒患者のように「こころ」を売り、「神」を売り、一時の快楽に酔いしれた結果何が残ったかよく考えよ。その歴史があたかも栄光の歴史のように広めるのはもうやめよ。その裏で泣いて犠牲となった者たちのことをしっかり考えよ。今の日本人には必要じゃ。うわべだけの偽善行為を称賛するでないぞ。今こそ「こころ」を取り戻せるよう、犠牲となった者たちに心から祈りを捧げ、本来の「こころ」を取り戻す大いなる力に、手助けをしてもらうのだ。悲しみ、苦しみ、無念をすべて解ったうえで、光の国へ行ってもらうようにするのだ。悪との戦いに勝つには、彼らの力も必要だ。共に手を携えて美しき日本、地球をより高次元に進めるためにも。』

イギリスやアメリカで興《おこ》り、広がって行った「闇の組織」は、悪の大元二人が自分たちと繋がった人間に入り込み、巨悪を動かして悪の思想を広めたものです。最後に悪の考えは日本人に入りました。マスコミを利用し悪の光を広めました。政財界に入り込み、わたしたちの知らないところで悪がうごめいていたのです。

創造の大神と力のある光の元、正しい神々は手をこまねいていたわけではありません。何とか悪の大元を捕えようとしましたが、大奥のエネルギーのある二人です。国を変え、人間の身体を乗り換えて逃げ回りました。なかなかしっぽをつかませず、正しい神をあざ笑うかのように巨悪の魂を持った人間を操り悪事を重ね続けました。

しかし、ついに悪の大元二人は捕えられました。ごく最近、二〇一一年十二月のことです。悪の大元は抹殺されました。抹殺と言っても人間が命を断たれるのとは少し違います。動きを殺されたと言えばよいのでしょうか、永遠に出られない壺《つぼ》のようなところに閉じ込められています。

悪の大元は消えましたが、悪の力が大きくなりすぎて親分から指示されなくても勝手に独り歩きを始めた巨悪の魂を持った人間がいます。創造の大神も悪の大元さえ処分すれば後は御《ぎょ》し易いと思っていたようですが、どうしてどうして、最後の悪あがきをしていましたが、それも少しずつ追い詰められ、徐々に光を抜かれて行っています。

光の元の大きな魂を持った人間は宇宙神の魂と一体となったり、努力によっては創造の大神の魂を重ねることもできますが、一歩間違えれば魂の大きい人間には大きい悪が入り込む危険があるのです。魂の小さい人間も油断すると小さい悪が入り込みます。いずれにしても悪は入り易い人間を狙います。悪が恐れるのは正義です。正しい光と強いまっすぐな「氣」には勝てません。

自分の役目を思い出し、神を敬い、神の手足として働く人間は必ず守って頂けるので恐れることはありませんが、ただ一つ落とし穴があるとしたらそれは驕《おご》りと傲慢です。手足として働く人間が、頭や心臓である神の存在を敬うことを忘れると悪に入り込まれます。

人間が想像もできないくらい永い時間を最高神は悪との戦いに費やしました。二度とこのような悪を生まないためにも、事実から目を背けないで、そこから何かを学んで頂きたいと思います。

悪の大元が裏切ったのがいつ頃だったのかは最高神にも解りません。神様の世界では次元ごとに「宇宙会議」があります。大奥の会議に出て来なくなったところから悪が発覚しました。二人は自ら光り輝く世界から、暗闇の世界へと身を隠したのです。それ以降の悪の最終目的は大奥をつぶして最高神の地位に昇り詰めることでした。目的を叶える一番の近道は大元様の魂を持つ人間を殺すことです。人間がいなくては最高神の光は広がりませんので、正しい光が広がるのを邪魔するのが悪にとっては手っ取り早い方法でした。

皆さんは歴史上の人物の動きを見て理解できない点も多いのではないでしょうか。どの時代も悪が動いていない時はなかったのですから、「創造の大神」と悪神軍団の対決を「人間」という肉体を借りて行っていたのです。入れ物である人間の見た目は同じでも、中に入っている魂は出たり入ったり、悪神が入ったり正神が入ったりしていたのです。また悪は善人を装うこともできますし、正しい神は必要があれば悪人を装わなければならない場合もあったのです。

最もバトルを繰り広げていたのは大元様の魂が入った「平清盛公《たいらのきよもりこう》」と「山本五十六元帥《いそろくげんすい》」が活躍した時期でした。平清盛公の時には朝廷に入り込もうとする悪とそれを阻止しようとする正との攻防が繰り広げられ、山本五十六元帥の時には日本をつぶすために原子爆弾が落とされました。

なぜここまで日本が狙われたかと言うと、日本が「神国」だからです。「金星」がサナートクマラ様そのものであるように、「地球」は国常立大神《くにとこたちのおおかみ》様のお身体（ご神体）です。国常立大神様は大元様から分裂して独立した神様です。あまりにも強い光をお持ちのこの神様を悪から守るために隠されたのが「日本列島」です。日本列島は「龍体」であり、国常立大神様のお姿なのです。

最高神の光は、エジプトにアダムとして降ろされてからは北アメリカ（ホピ）、南アメリカ（マヤ）、インド（釈迦《しゃか》）、イスラエル（モーセ）、エジプト（ツタンカーメン）と光を広め、国常立大神様をお守りするために卑弥呼《ひみこ》の魂に入って、それまでの大きな光をすべて日本に集めました。西暦二〇〇〇年頃からはずっと最高神の光とそれを守る大きな神は日本に集まっています。

悪が動いていた頃は悪から守るために数多くの神が眠らされていました。しかし最後の悪との対決とその後の浄化にはすべての神の力が必要です。あまりにも永い間眠っていた神を目覚めさせるのは大変なことでした。神の魂は神社に隠されていました。中には悪に氣づかれ封印されてしまった神、重石《おもし》を載せられて身動きできなくなった神もいました。これらの神々に宇宙からの光を送り目覚めさせて本来の役目を思い出させ、精一杯働いてもらうには、宇宙からの強いたくさんの光が必要です。その光を届けるのがライトワーカーの役目でした。

——筆者とBさん夫婦との出会いは二〇一〇年七月でした。Bさん夫婦は特別な役目を与えられて今回だけ降ろされた魂です。人間としての過去世はありませんし、来世からも人間としては生まれて来ません。ご主人は水星の大きな「浄化」の光を待っています。水星の神様は「神《かむ》漏岐命《ろぎのみこと》様」です。ご主人は奥さんと一緒にこの大きな光を各地に届けることが役目でした。奥さんの魂は大奥から降ろされました。特別な役目とは「悪の大元を特定する」ことでした。これだけ大きな光を持った二人です。悪が氣づかないわけはありません。いわばおとりに使われたとも言えますが、逃げ回っている悪が二人に氣づき正体を現したところを捕えるという計画が立てられていました。もちろん筆者もBさん夫婦もそんな大それた計画があるなどとは夢にも思いませんでした。

奥さんは筆者と出会ってからグングン力をつけていきました。大きな魂を重ね、光を大きくしていきました。創造の大神様の指示で短期間に考えられないくらいの活躍をしてくれました。日帰りで行かれる神社はもちろんのこと、金沢白山《はくさん》神社、伊勢神宮、富士浅間《せんげん》神社、京都鞍馬寺二回、九州二回、北海道二回、出雲《いずも》大社、福島……と光を届け続けてくれました。二人の力で富士山の噴火はまぬがれました。

これだけの光を届けたのですから悪が氣がつかないわけはありません。筆者と出会って三ヶ月後に悪は特定されました。ここまででしたらみごとに役目を果たしたことになるのですが、とんでもない過《あやま》ちを犯しました。

「芯《しん》」として降ろされた筆者は、サポーターを通してでなくては神の言葉を伺うことはできません。筆者の口になることが役目であった奥さんは、出会った当日から地神のメッセージを降ろしました。その後サナートクマラ様の言葉を話し、大元様のお言葉を伝えるようになるまでに時間はかかりませんでした。この方はそれまでの人生が何をやっても一番で過ごして来た人です。人の下に仕《つか》えるということのできない人でした。

神社に参り光を届けると、神々様はひれ伏し礼を言います。『ありがとうございます。こんなにも美しい光を届けてくださるお方がいらしたとは……』と涙ながらにお話しになります。宇宙からの光によって長い間押さえつけられていた重石が取りはずされたのですからお喜びになるのは解りますが、『このようなところにあなた様のようなお力のある方にいらして頂いてただ申し訳なく……』という言葉を聞く頃には、自分はすっかり神を超えた氣持ちになったのでしょう。

初めのうちこそ筆者の光を受けて高次元の魂を重ねることができたことに感謝していましたが、やがて筆者を下に見るようになりました。その傲慢な氣持ちが、こともあろうに悪の大元と繋がってしまったのです。その後は徐々に力を抜かれ、出会ってから半年で完全に筆者との縁は切られました。――

敵を欺《あざむ》くには味方を騙さなくてはならないので、筆者が真相を教えて頂いたのはずっと後のことでした。Bさん夫婦はいまだに自分たちが悪に加担したことなど全く氣づいていません。すべての人間がそうであるように、Bさん夫婦も魂の記憶を消されて生まれて来ました。『力を与えすぎた』と大元様はおっしゃっていましたが、初めのうちは神様のお役に立とうと純粋な氣持ちで光を届けていたものの、なまじ霊能力を与えられたばかりに神々様から感謝の言葉を聞いて有頂天になったのです。人間ならあたりまえのことなのかもしれません。

ただもう少し神の世界を学び、魂の歴史を知れば、人間の力と神の力との違い、筆者の役目と自分の役目の違いが理解できたはずです。すべての光（神）は最高神から分裂した姿であり、最初に魂を与えられた（分裂した）次元からは上がれないということをしっかり認識しないと、これからもこういう間違いが起こらないとも限りません。Bさんが筆者を超えて一番の力を与えてほしいと願ったことで悪の大元と繋がり、これは純粋に大奥で働いていた大元二人が自分の力に溺《おぼ》れて最高神の地位に昇り詰めたいと願ったのと同じことなのです。

Bさんに限りません。霊能力のあるライトワーカー（神様のお言葉を受け取る力のある人間）、もしくは光の大きなライトワーカーがサポートしている創造神の魂を持つ人間は、神様から感謝された時に、「自分はお役目で宇宙の光を運んでいる」という自覚と、「この力は無事に役目を果たすために多くの神々様が授けてくださったものだ」という自覚と、「どんなに大きな神をハイヤーセルフとしていても、今の自分は5次元に暮らす人間なのだ」という自覚をしっかり持たないと、せっかく悪が消えてリセットされた新しい世の中になっても、またいつしか悪の芽が育たないとも限らないのです。

ライトワーカーだけではありません。すべての人間が魂を与えてくださった神様を敬い、自然環境を整えてくださっている神様に感謝して謙虚に穏やかに毎日を過ごしたいものです。

神国日本の象徴が「天皇」であり、日本の目印が「富士山」です。代々の天皇陛下には「大奥」の魂が入り、光の元の大きな魂を持った多くの人間が皇室をお守りしています。

「皇」は「スメラオオ」と読みます。「スメラ」とは星のことです。天皇とは「天に輝く星の王」

という意味です。

皆さんも日本に生まれたことを誇りに思ってください。日本ほど波動の高い国はありません。日本人というだけで責任があります。日本人はあまりにも守られすぎていて、日本の本当の価値、レベル、力を解っていないのかもしれません。外国人で、熱心に日本について、日本の神について学ぶ方がたくさんいます。魂に国境はないので、一体となっている魂が日本を懐かしく思っているのでしょう。これからは日本の天皇が世界のリーダーとなることは間違いありません。

「波動」とは光のエネルギーの強さを言います。5次元に暮らす人間は9次元までの神の波動に合わせるのが限度です。ライトワーカーは宇宙神の波動に合わせなければならず、さらに創造の大神の魂を重ねなければならない人間の波動調整は、大変なものです。5次元の肉体に高次元のエネルギーが入るのですから、徐々に時間をかけて調整していかなくてはなりません。急速に大きな神の魂を重ねたりすると耐えられずに身体を壊したり、精神を病んだりもします。

神の「氣」（エネルギー）が入って来ると眠くて眠くて仕方なくなったり、冬でも手の平に汗をかくほど身体が熱くなったりします。神と繋がっていることを示すようにゲップや咳《せき》やクシャミが出る人もいますし、神様が伝えたいことがある時は耳鳴りで教えられる人もいます。

神様の方で一生懸命ヒントを与えているのになかなか氣づかないでいると、頭痛、肩こり、腰痛などの症状から氣づきを促すこともあります。

自分の波動が急速に上がった場合、そのエネルギーをどこかに放出して調整しなくてはなりません。そうしないと神のエネルギーの強さに耐え切れずに、その人が壊れてしまうからです。ほとんどの場合は自分自身の身体のどこかに影響を与えることによって調整しています。あるいは、電気もエネルギーですので、電気製品を使って波動調整しているのでしょうか、電気ヒーターが作動しなくなったり、ＤＶＤプレーヤーが壊れたり、パソコンがフリーズしたりすることもあります。神様が存在を教えているのか、電気がついたり消えたりすることもあります。神棚に向かって祈っている時にラップ音が聞こえたり、夜寝ている部屋でラップ音が聞こえることもあります。これらをすべて「波動調整」と言います。

大きな役目を与えられた人間は大きな神と繋がり、大きな光を持っています。しかし人間にはその光を見ることはできないので、自分の光がそれほど大きいという自覚は全くありません。神様はご自身が光なので、人間を見る時も肉体ではなく、その人間の持つ「光」をご覧になっています。

波動調整は人間に対してだけ必要なのではありません。世界中に地球を守る神様、国を守る神様、土地を守る神様、自然を守る神様がいらっしゃいます。こうした目に見えない神々様のお働きでわたしたちは安心して生活できるのです。人間が生きていくうえで食事は切り離すことができません。それと同様に神々様もご自分の「光」を保つためには常に新しく強い光が必要です。

世界中で働いてくださる神様を「地神」と呼ばせて頂きますが、地神の中でも大きな神様がいらっしゃるところが、日本であれば「神社」「寺院」であり、外国では「教会」「モスク」「寺院」等となります。もちろん建物だけでなく、海や山や島や滝も同じです。人間が神社やお寺や教会に行くということは、無意識のうちに「自分の光」を届けていることになります。神々様はその光を受け取ってご自分のエネルギーにしているのです。人間は誰もが光を持っています。必要でない光などなく、自分の光を届けることがすべての人間の役目なのです。神の世界を学び、理解し、感謝し尊ぶ氣持ちを持って祈れば、その祈りは強い大きな光となって神々様に届きます。

何十億という人間と同じ数の地神がいます。人間と神とが心を一つにして平和な世の中にしていかなくてはなりません。そして平和な世の中を保ち、さらに進化させるためにも必要なのが「宇宙の光」です。新築の家を毎日掃除して手入れをしていても時間が経つにつれてあちらこちら傷《いた》んできて時々リフォームしなくてはならないのと同様に、人間も神も働きすぎれば疲れます。仕事上でも、熱心なあまりお互いに譲らず口論になることもあります。神様も、祈ってもらうのはありがたいのですが、お願いごとばかりされるとその願いごとを叶えるためにエネルギーを使いすぎて、ご自分の光を小さくしてしまいます。

弱まってきた光、濁ってきた光、小さくなってきた光を元に戻すためには、宇宙からの強い光が必要です。宇宙の光を運ぶことを役目として降ろされた人間が「ライトワーカー」です。ライトワーカーは波動調整のために永い時間をかけて育てられます。何十回もの過去世で、創造の大神の魂を持った人間をサポートすることにより、最高神の光を少しずつ増やしてきました。今世も誕生した時点で光の元の魂を持っています。その後の本人の努力で宇宙神の魂を重ね、宇宙の光を届けています。ただし覚醒している人はほんのわずかです。覚醒というのは自分の魂を知り、役目を自覚することです。

今までは知るチャンスを与えられませんでした。悪が動いていたからです。悪に利用されずに宇宙の光を運ぶというのは大変なことでした。創造の大神様と、その次元から降ろされた中心となる人間の働きには敬服し、感謝するほかはありません。

ライトワーカーがどのような光を持っているか紹介したいと思います。口絵②の写真は筆者のサポーターの一人が長野県のとある神社をお参りした後でご神木を写したものです。木の周りに輝く紫色の光についてお伺いしました。

サナートクマラ様『そこに映し出された色がこの者の守りの色。いつも持っている光がそこで反応し表れたもの。自然の中で反応することが多い。出かける場所で、自然の中で浄化するようにエネルギーが動く。これほどの色を持っているということを自覚せよ。何をしろということではない。自覚しなければならない。それだけ自然に、人に、影響を与えてしまう存在である。』

クワンオン様『もともと持っているものが強ければそのように表れてくるのです。光を運んでもらえて喜んでいるはずです。その答えがその中にあるのでしょう。』

このサポーターは光の元の魂に「神漏美命《かむろみのみこと》様」の魂を重ねています。神漏美命様は木星の神様です。

大奥の大元様『あらゆるものが真白な、それよりももっと透明な存在から始まり、そこに重ねてゆくものが黒く汚れていれば、どんなに透明な光を中心に持っていたとしても取り込まれてしまうように、その中心すら変わってしまう。そうなれば手をつけられない。たとえ黒いものに覆われていても、その中心に小さくても輝くものがあればいくらでもチャンスはある。』

大きな役目を与えられて降り立ったライトワーカー（光の使者）には重大な責任があります。世の中を良くするのも悪くするのも、ライトワーカーの働き次第なのです。

第４章

特別編

ワンネス・40次元宇宙・根源神・源（核ＡＢＣ）・覚醒・
アセンション・パラレルワールド・芯となる人間・光の文明

23次元	宇宙神	天津神		神漏岐命（大1、小100）	神漏岐命（大1、小100）	神漏岐命（大1、小100）
22次元				神漏美命（大1、小100）	神漏美命（大1、小100）	神漏美命（大1、小100）
21次元				大宇宙大和神（同）	大宇宙大和神（同）	大宇宙大和神（同）
20次元		造化の三神（別天津神）		天之御中主神　（同）	天之御中主神　（同）	天之御中主神　（同）
19次元				高御産巣日神（同）	高御産巣日神（同）	高御産巣日神（同）
18次元				神産巣日神　（同）	神産巣日神　（同）	神産巣日神　（同）
17次元		神代七代	三柱の神	国常立大神　（同）	国常立大神　（同）	国常立大神　（同）
16次元				国狭槌尊　　（同）	国狭槌神　　（同）	国狭槌神　　（同）
15次元				豊斟淳尊　　（同）	豊斟淳尊　　（同）	豊斟淳尊　　（同）
14次元			夫婦神	泥土煮・沙土煮　（同）	泥土煮・沙土煮（同）	泥土煮・沙土煮（同）
13次元				大戸之道・大苫辺（同）	大戸之道・大苫辺（同）	大戸之道・大苫辺（同）
12次元				面足尊・惶根尊　（同）	面足尊・惶根尊　（同）	面足尊・惶根尊　（同）
11次元				伊耶那岐・伊耶那美（同）	伊耶那岐・伊耶那美（同）	伊耶那岐・伊耶那美（同）
10次元	地神	大奥から独立		アダム、ノア、アブラハム、モーセ、釈迦、ツタンカーメン、卑弥呼、天武天皇　他		
9次元		サナートクマラ、クワンオンの化身・分霊		天照大神他（大1、小100）	天照大神他（大1、小100）	天照大神他（大1、小100）
8次元				不動明王他八百万神々(同)	不動明王他八百万神々(同)	不動明王他八百万神々(同)
7次元				観音菩薩他八百万神々(同)	観音菩薩他八百万神々(同)	観音菩薩他八百万神々(同)
6次元		光の国		弘法大師他八百万神々(同)	弘法大師他八百万神々(同)	弘法大師他八百万神々(同)
5次元		人間界		主体となるグループが12000年ごとにバトンタッチして地球の歴史を創っていく		

■図表３　次元表

40次元	根源神		核Aグループ	核Bグループ	核Cグループ
39次元	創造神	大奥	最高神（大1、小30）	最高神（大1、小30）	最高神（大1、小30）
38次元			大元　（大1、小30）	大元　（大1、小30）	大元　（大1、小30）
37次元			大元　（大1、小30）	大元　（大1、小30）	大元　（大1、小30）
36次元			大元　（大1、小30）	大元　（大1、小30）	大元　（大1、小30）
35次元			大元　（大1、小30）	大元　（大1、小30）	大元　（大1、小30）
34次元		宇宙連合総司令官	サナートクマラ（大1、小50）	サナートクマラ（大1、小50）	サナートクマラ（大1、小50）
33次元			サナートクマラ（大1、小50）	サナートクマラ（大1、小50）	サナートクマラ（大1、小50）
32次元			サナートクマラ（大1、小50）	サナートクマラ（大1、小50）	サナートクマラ（大1、小50）
31次元			サナートクマラ（大1、小50）	サナートクマラ（大1、小50）	サナートクマラ（大1、小50）
30次元			サナートクマラ（大1、小50）	サナートクマラ（大1、小50）	サナートクマラ（大1、小50）
29次元		宇宙連合副司令官	クワンオン（大1、小100）	クワンオン（大1、小100）	クワンオン（大1、小100）
28次元			クワンオン（大1、小100）	クワンオン（大1、小100）	クワンオン（大1、小100）
27次元			クワンオン（大1、小100）	クワンオン（大1、小100）	クワンオン（大1、小100）
26次元	光の元	大奥エネルギー	超特大1　特大2　大3　中6　小60		
25次元		サナートクマラエネルギー	超特大1　特大2　大3　中6　小60		
24次元		クワンオンエネルギー	超特大1　特大2　大3　中6　小60		

■図表4　ワンネスの光

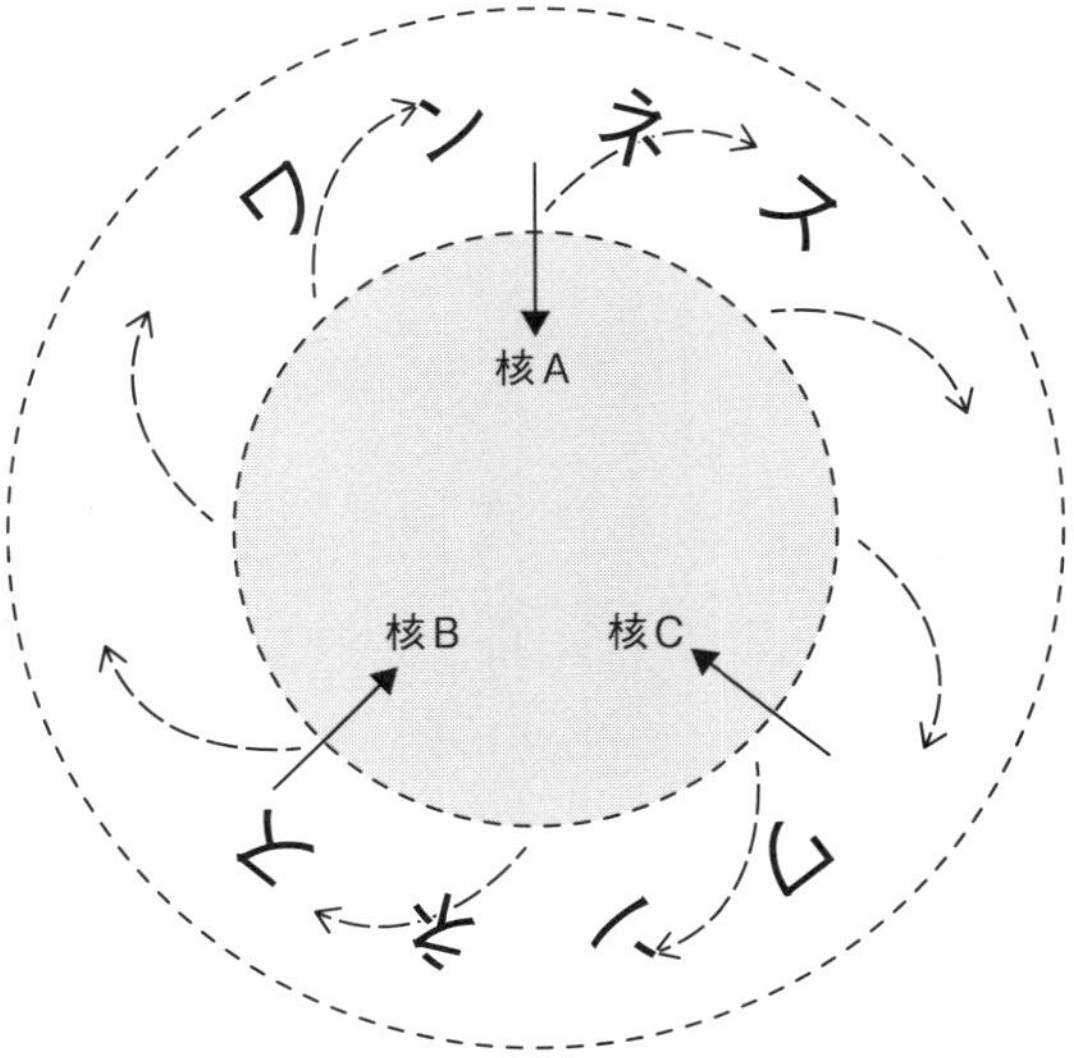

〔ワンネスは光を外へ外へと広げて行く
それが成長であり、宇宙に果てはない〕

■図表5　ワンネスと三つの光の核

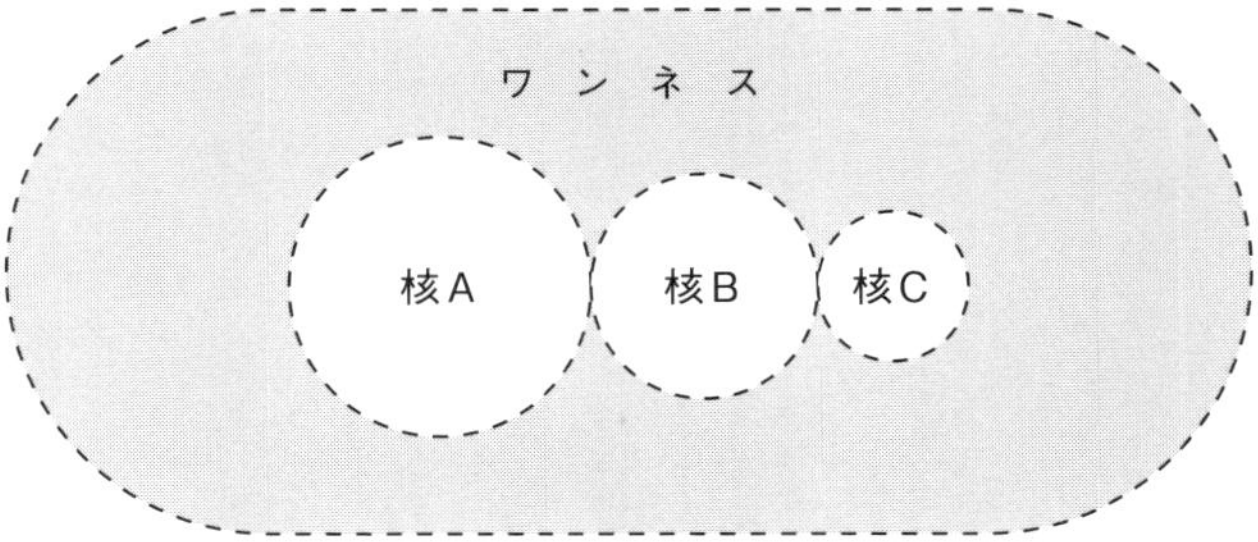

すべては「無」から始まりました。最初は何もありませんでした。無の中においてただ一つ「在《あ》った」のが「無限大の光」です。いつ頃から在ったのかは誰にも、神にも、最高神にも解りませんが、それでは話が先に進まないので、無の中においてただ一つ在った無限大の光を「ワンネス」と言うことにします。

ある時ワンネスは光の一部を「無」の中に放出しました。続いてもう一つ、さらにもう一つ……、合わせて三つの巨大な光のかたまりがワンネスから飛び出して無の中に「空《くう》」を創りました。大宇宙の誕生です。

ワンネスから飛び出した巨大な光のかたまりを「核A・核B・核C」と言います。一番最初に飛び出した核Aの光が一番大きく、これ以降常に三つの核は行動を共にしますが、新しいことを始める時にはいつも核Aが先陣となります。しかし一つの核だけでは何の働きもできません。せいぜい「無」の中に吸収されてしまうのが落ちでしょう。少しずつ違う三つの光の核がお互いに影響し合うことによって宇宙のバランスが保たれているのです。

三つの巨大な光のかたまりは無の中を縦横無尽に飛び回り、ワンネスの懐《ふところ》の中に大宇宙空

■図表６　根源の光

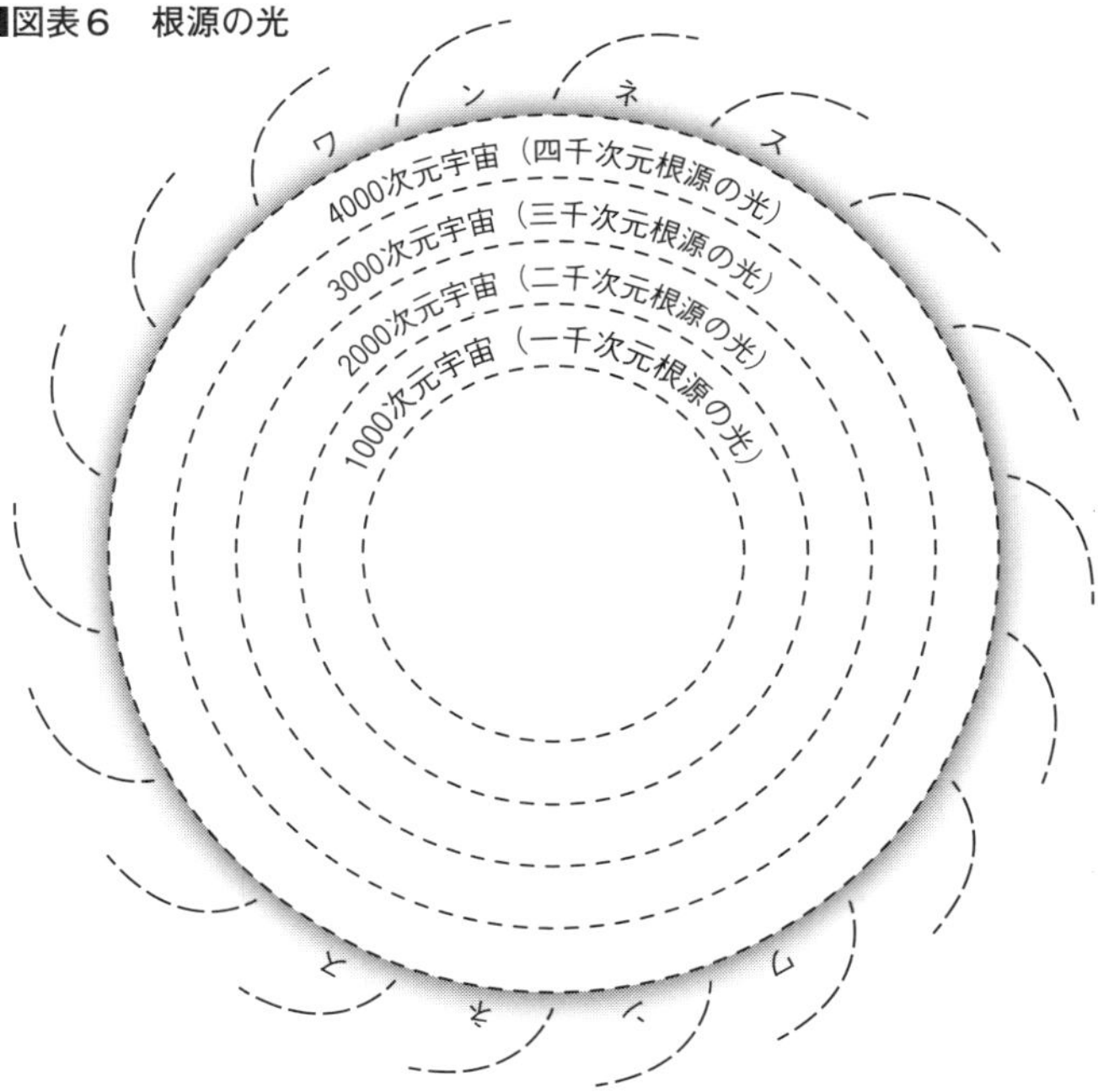

間を生み出しました。三つの核はワンネスの「意思」を光に乗せて運びました。ワンネスから最初の分裂をして宇宙空間を創る役目を果たした三つの巨大な光は交わることなく一つに統合しました。三つの核を包んでいるのはワンネスの光です。

第一回目の分裂と統合が四千億年前に行われたと考え、これを「四千次元根源の光」と名づけます。その後同じことを繰り返し三千億年前に行われた分裂と統合を「三千次元根源の光」、二千億年前に行われた分裂と統合を「二千次元根源の光」、一千億年前に行われた分裂と統合を

「一千次元根源の光」と言い、それぞれの次元の根源の光を広めた宇宙を創っています。

「パラレルワールド」とは本来このことを指します。つまり、無限大の光を持つワンネスの懐の中で核A・核B・核Cの運んだ光によって繰り広げられる、交わることのない平行宇宙のことを言います。ここまでの宇宙は次元が高すぎて、いかなる神も生命体も存在することはできません。

■図表7　40次元宇宙と根源神

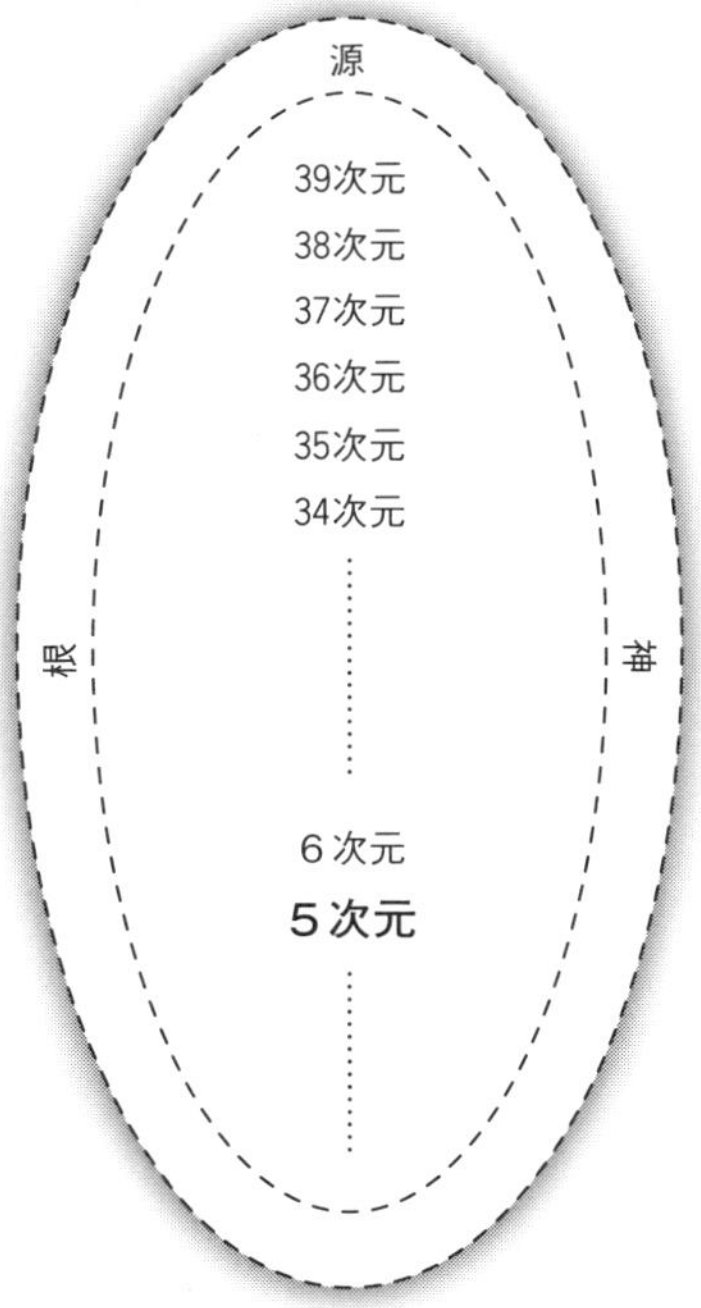

次元が下がるほどワンネスから遠のきますが、五回目の分裂と統合でやっと星と神と生命体の存在する宇宙が誕生しました。わたしたちの暮らす地球がある「40次元宇宙」です。ここに至ってついに40次元根源神としての意識が自《おの》ずから目芽えました。一千億年前に核Aが最初に飛び出し、次に核B・核Cと順に後を追い40次元宇宙空間を創り、根源の光を一回分裂させて、39次元最高神を生み出した後は、三つの核の割合（5対4対3）を崩すことなくバランスを保ちながら40次元に存在しています。根源神はただ見守るだけであり、40次元宇宙に関するすべてを任されているのが39次元最高神です。

39次元には三つの核の最高神がいらっしゃいますが、根源神から分裂する時にそれぞれ「源」を与えられました。

核Aが「厳しい愛」の源、核Bが「優しい愛」の源、核Cが「慈《いつく》しみの愛」の源です。それぞれ異なった愛の源をお与えになった根源神の実体とは、まさに「愛」そのものです。40次元宇宙を創る光は「愛」がベースになっていますが、厳しすぎる愛は人をつぶし、優しすぎる愛は人を甘やかします。決して偏ることのないように核A・B・Cが交わることなくそれぞれ良い影響を与え合って宇宙を創って行くようにというのが根源神のお氣持ちです。人間をお創りになったのも、ご自分の愛を具現化した姿を「人間」というフィルターを通してご覧になりたかったからです。

『すべての元はわれである。われなしにはモノは存在しない。物質のみならず時間・空間・次元・その他すべてである。今まで長い間に非常に多くのモノが生まれ出て来た。すべてがその繰り返し。自分の力ではないことを忘れておる。何があるのか解らない未来に定められたもの、未来永劫続くのでなく、少しずつ修正されて行くそれは魂の営み。』

最高神はご自分の光をどこまで分裂できるか試されました。星を生み、神を生み、人間を生みました。1次元というのは点の連続からなる直線の世界です。2次元は縦と横がある面の世界です。3次元は縦と横と高さから成り立っている世界で、人間が初めて地上に下りてから四億年過ごして来た世界です。最高神の分裂は終わり、統合に入りました。

人間は今まで3次元世界にしか住めませんでした。地球が誕生し、人間が暮らし始めた当初の地球は、美しい光に満ち溢れていました。ここに潜《もぐ》り込んだのが「悪」の光です。地球の波動を落としたのは人間だけが悪いのではありません。神だけが悪いのでもありません。黒い光が広がり、波動の落ちた地球を、これ以上落とさないように懸命に守り続けてくださったのが創造の大神様です。３次元世界に暮らす人間に浄化のために必要な最高神の純粋無垢《むく》な光を送り続けてくださいました。しかし残念なことに、その尊い光を受け入れる者ばかりではありませんでした。最高神に背き、正しい光を拒否する者が増えすぎました。

「アセンション」とは３次元世界にある浄化された波動の高い光だけを集めて５次元世界に統合することです。創造の大神様は過去にもアセンションを試みました。しかし過去四回のアセンション計画は悪の妨害によりすべて失敗に終わりました。文明が滅びるという形でアセンションは終わり、悪にしてみれば、いよいよ地球を征服できるとほくそ笑んだに違いありません。

今回のアセンションは五回目であり、悪との戦いに勝つためには何としても成功させるほかありませんでした。大きくとらえてわたしたちの築いた文明が始まった一万二千年前から綿密な計画が立てられました。３次元世界のあらゆるものの浄化を二〇一二年までに終え、人間も建物などの物質もそのまま意識レベルの高い５次元世界へシフト（移行）するという壮大な計画です。地球のレベルが上がれば宇宙全体のレベルが上がります。二〇一三年からはリセットされた地球と神と人間の営みが始まります。

自然の波動を落としたのも、結局は人間の我欲から出た環境汚染や温暖化が原因になっています。戦争や地縛霊や猟奇《りょうき》的事件を増やし、地面の奥底を血でドロドロに汚し、恨みや憎しみから発する淀んだ真黒な光で空を覆ったのも、人間のマイナスの想念（意識・考え・想い）と行いなのです。ここまで落ちた3次元世界に浄化の光を送り続け、さらに5次元へと引き上げてくださった創造の大神様と守護神、さらに手足となってお働きくださった数多くの地神の神々様に心から感謝しなくてはなりません。

3次元世界の浄化が地球の浄化になります。長い間に地下深く溜《た》まった膿《うみ》を掘り起こし洗い流さなければ黒い光は消えません。地震や津波という現象となってしまいますが、正しい神の行うのは「浄化」が目的です。悪が引き起こす災害は「正しい光を持っている人間の命を奪うことと、災害を起こすことによって恨みや憎しみの感情をいだかせて悪い光を広める」ことが目的です。この現象は地震や津波に限りません。台風やハリケーンや竜巻、噴火や山火事という形でも表れますが、それが正しい神のお働きなのか悪の仕業なのかという見極めは難しく、わたしたちには判断できません。

創造神にとってはこのような自然の浄化以上に大変だったのが「魂」の浄化です。最高神はすべての神と人間を5次元世界へ引き上げることをお望みになりました。しかし低いところに暮らしている人間がいきなり八千メートル級の山の頂《いただき》に立ったとしたら心臓マヒを起こして命を落とすのと同じ理屈で、波動調整のできていない人間が5次元という精神性の高い世界に行ったら、5次元の波動に耐えられずに命を落とすことにもなりかねないのです。

「そんなこととは夢にも思わなかった。何でもっと早く教えてくれなかったのか、そうしたらもっと努力したのに……」と言っても、もう後の祭りです。魂の方はとっくに氣づいていて、人間に氣づかせようと、様々な形でヒントを送り続けていたのです。魂の声に耳を傾けなかったのは人間の慢心と言えます。

浄化されて真白に輝く5次元地球に行かれるのは地球の高い波動と同調できる人間だけです。波動の低い人を無理矢理連れて行ったとしても、周りの高い意識レベルについて行かれず苦しむだけです。

何度ものチャンスを与えられたにもかかわらず精神性を上げる努力をしなかっただけでなく、神から与えられる忠告（ヒント）を聞こうともせずに悪の仲間に加わり、悪事を行って来た人間を完全に切り捨てることもできました。しかし最高神はここでもまた生きるチャンスを与えてくださいました。

アセンションにおいて魂は次の三つに振り分けられます。

「抹殺される」「今までの古い3次元世界に残る」「5次元世界へ行く」。

悪の大元は抹殺されました。悪の大元に操られていた神と人間の中でも、知らずに利用されていた者と、自分から悪に繋がり悪を増幅させた者とでは、罪の大きさが違います。この者たちへも再三の警告がなされ、改心の機会は与えられました。しかし黒く塗りつぶされた魂には明るい光が射し込むすき間すらないのでしょうか、最後まで自分の非を認めない神と人間は消えます。神の場合は同じ次元の大きな神に吸収されます。独立した神としての地位はなくなります。人間の場合は今回の人生が最後で、二度と生まれ変わることはありません。

振り分けの基準は「反省」です。自分の行為を省《かえり》みて、悪いことはすべて他人のせいにする人間、自分さえよければいい、自分だけがかわいいという人間は根源神の「愛」の輪に入ることを自ら拒否し、消えることを望んだのですから仕方ありません。こういう人は自分の行為を振り返ることすらしないのでしょう。あるいは間違ったプライドを持つ人や、しっかりした信念を持たず、動物的な勘を働かせて自分の欲得だけで動く人なのかもしれません。

濁った水の中でしか生きられない魚がいるように、浄化された環境の中でお互いに和を保ちながら生きていくことができない人もいるようです。自分の行いを振り返り、少しは反省する氣持ちはあっても、やはり自分かわいさから自分を甘やかし努力を怠る人間は、積極的に平和な世の中にしていこうと努力している人の輪からは遠ざかります。理想としては「戦争のない、大きな災害のない平和な5次元世界に行きたい」という夢はあっても、「他人が築いてくれた世界にポンと飛び乗るだけなら喜んで参加するけれど、自分のやりたくもない努力をしてまで行く氣持ちはない」という人は、今まで通りの事件事故の多い、地震や噴火の多い、3次元世界に残ります。こういう人は自分より力のある者に対して、謙虚に教わろうとしたり、自分も見習って力をつけようとするのではなく、ただ相手が羨ましいと思うのかもしれません。

もうすでに4次元から5次元へ繋がる扉は閉じられました。3次元に残った人間が死んで魂の帰る先は4次元霊界と決まっています。この先、永遠とも思えるような永い時間を、3次元での転生を繰り返して修行をやり直すしかありません。それも自分で選んだことです。

振り分けで5次元世界を選んだ人たちは、この先3次元に落ちることはありません。5次元は浄化された世界、黒い光の消えた世界ですから、悪いものを引き寄せる心配はありません。普段努力があたりまえになっている人は特別自分が努力した結果だとは思わないでしょうし、普段から自分より先に他人を思いやるような優しい心の持ち主にとっては5次元になったと聞いてもピンとこないかもしれません。しかし心静かに空を見上げてください。太陽が今までよりまぶしく、神神《こうごう》しく感じることはありませんか？　頬《ほお》をなでる爽《さわ》やかな風を感じませんか？　会話をかわす相手が穏やかに明るくなったのを感じませんか？

魂の振り分けは終わりましたが、長い間続いた現実世界がそうそうはっきりと短時間で変わることはありません。3次元地球と5次元地球というように地球が二つできるわけでもありません。5次元地球が主体であり、5次元世界に住む5次元人間がこれから新しい歴史を創っていくのですが、地球はいくつもの「層」に分かれていて5次元世界の下に4次元世界、3次元世界が存在し、それぞれ別の次元は見ることができないと思ってください。いきなり人間が減ったら世の中の動きが止まってしまいます。この世で命を終えて次に生まれ変わる時に、5次元行きか3次元行きかがはっきり決まると考えればよいのでしょうか。最終的に5次元世界を創って行く人間は全世界人口の半分になるようです。

二〇一二年の年末にはマヤの予言で地球滅亡説が盛んに取り上げられていましたが、これも決して間違いではありませんでした。マヤのカレンダーがこの日までしか書いていないという事実を後世の人たちが滅亡に繋げてしまったのかもしれません。マヤ暦に限らず、ノストラダムスの予言にしても同様ですが、あまりにも危機感がなくのんきに暮らしている人間に対して神様が警告を発せられたのかもしれません。

『われらは、人間の苦しみを代わることはできないが、人間の所業に対し、報いたり戒《いまし》めたりすることができる。それをそれぞれが氣づくかということにかかっている。心素直で敬虔《けいけん》な者には明るい光と感謝、あたたかさ、奇跡を。心閉ざし無関心な者には衝撃的な出来事と痛みを。良き者はさらに良く、悪しき者はさらに悪く、二つに大きく分かれてしまう。その間などない。悪しき者には大きな罰を。そうなってから許しを請《こ》うても遅い。少しの痛みに不平不満を言えば悪しき層に堕ちる。苦しみから逃れることを望むが、泰平をむさぼるようでも悪しき層へ堕ちる。自ら苦しみを望まずとも、日々の無事に感謝することで良き方向へ転換できる。共に苦しみ、共に乗り越え、共に幸せを感じることこそ至上の行い。』

アダムの時から始まった地球の歴史を創って来た魂は「核Aグループ」が主体になっていました。核Aの「厳しい愛の源」を根っこに持って生まれた人間が主導権を握っていたと言えばよいでしょうか。一つの核だけで歴史を築いていくと、どうしても考え方が偏り、一歩間違えれば「支配」「独裁」になる心配があります。そこで39次元にいらっしゃる三つの核の最高神が相談をして人間に送り込む源の割合がバランスよく行くように取り計らっています。三つのグループはだいたい一万二千年ごとにバトンタッチすると思ってください。

この一万二千年の間、歴史を築いてきた人間（本書を読んでいる皆さんのことです）は核A人間であり、全員が魂の中心部分に核Aの光を持っています。しかしそれだけではありません。一人の人間の持つ魂は複雑に組み合っています。核Bと核Cの魂も持っています。三つの核の割合がどのように組み合わされているかで、その人間の波動の高さが解り、グループ分けができます。

宇宙は核ABCが「5対4対3」の割合でバランスが保たれているのですから、一人の人間もこれと同じバランスになることが理想です。このバランスが崩れたから世の中が悪くなり、その打開策として「アセンション」という大変革を興したと言えます。

今回はアセンションを成功させるために今までにない苦労がありましたが、それもいよいよ大詰めです。アセンションを成功させ、安定した5次元の世の中にするまでが核Aグループの役目です。来たる二十二世紀からは核Bグループにバトンタッチします。

この頃になると3次元世界と5次元世界の層ははっきりと分かれますので、5次元世界の人口は現在のだいたい半分、四十億人くらいになるのではないかと思います。核Aグループが力を合わせて築き、今後核Ｂ・Ｃに受け継がれていく文明を『光の文明』と名づけたいと思います。

二十二世紀に生まれる子供には３次元世界の思い出はありません。今現在のわたしたちは３次元での暮らしを実際に経験して５次元に上昇した最後の人間ということになります。しかもアセンションをまたいでの貴重な経験をしたのです。しっかりと魂に刻み込ませたいものです。

「努力」とか「修行」と聞いて負担に感じないでください。始めに書きましたように、わたしたちは幸せになるために生まれて来ました。ただしその幸せは自分の力でつかむものであり、そのためには一人一人の持つ光を美しく輝かせなければならないということを解ってほしいのです。「失敗」のない人生などありません。人間は経験を通して成長するのですから、失敗しても落ち込まないで、失敗をバネに成長してほしいのです。順調な人生だけを過ごしてきた人は困難にぶつかった時に問題を跳ね返す力が弱いので、強い人間になるようにと神様が敢えて試練を与えてくださったのかもしれないのです。

何も自分から望んで苦労を背負うことはありませんが、万が一予期せぬ出来事にぶつかった時には、時間がかかってもいいですから、そのつらさ、苦しみ、悲しみを乗り越えてください。

そして氣持ちが落ち着いてきたら、その出来事から何かを学んでください。たとえ誰も自分の本当の氣持ちを理解してくれる人がいなくても、あなたの真心は必ず神様がご覧になっていることを決して忘れないでください。

また「けじめ」も大切です。学ぶ時には学び、働く時は働き、休む時には休むのが大切です。常に頑張っていたら身体がもちませんから、遊ぶこと、のんびりすることも大切です。「切り替え」が上手にできるようになるといいですね。

今までは様々なレベルの神と人間がいました。レベルとは霊性（波動）の高さを言います。また、悪神がいてそれに操られていた人間もいました。本当の悪は、悪いことと承知して悪事を行い、悪い考えを吹き込み、仲間を増やして行きました。それとは別に力不足から本来の正しい意味を人間に伝えられない神もいました。

神の言葉を取り次ぎ、人を導く霊能者は、自分の役目をしっかり自覚してほしいと思います。神から見れば波動の違いから伝えられることと伝えられないことがあります。またごく一部の人にだけ当てはまって普通の人には当てはまらないこともあります。多くの人に広がりすぎて最初の意図が伝わっていない場合もあります。何よりも宇宙は常に進化のための変化をしているということを頭に入れ、さらにどんなに力があっても決してその力に溺れないことが大切です。

人間にとって「睡眠」はとても大切です。眠れない日が続くとつらいです。病的なものでしたら医者に相談するのもよいと思いますが、霊的に眠れない場合もありますので、ちょっと頭に入れておいて頂きたいと思います。

ほとんどの人は、夜眠っている時に魂が身体から抜け出して、ほんの短い間旅をしているようです。夢の中で誰か親しい人に会ったり、知らない街に行ったりということもあるかもしれません。中にはそれが役目で必要な場所に光を届けていることもあります。また同じ次元だけでなく高次元のハイヤーセルフのところに行って話をしたり、さらに数は少ないですが、遠くの宇宙神のところに行っている人もいます。

魂がとんでもなく高い次元に行っている時など、帰って来て肉体に入る時に一度覚醒（はっきり目を覚ます）させないと大変危険なこともあるようです。夜中に目を覚まし、あまりよく眠れない人は、皆さんがそうではありませんが、魂が役目を果たしているのだと割り切って考え、あまり眠れないことに神経質にならないで、できれば昼寝でもして身体を休めてほしいと思います。

また夢で神様のメッセージを受け取ることもあります。物語風な夢であったり、一瞬何かの映像を見せられたりということもありますし、枕元にメモ帳を置いて寝ると、朝起きた時に無意識に文字が書いてあったりします。自分で書いたものなのに、書いた記憶もなかったり、寝ぼけていて判読しづらいものもありますが、これなども意味があって神様から与えられたヒントなのです。

『月を見て何を思う、星を見て何を思う？　美しいと思うのか懐かしいと思うのか。遠い昔を懐かしく思うか？　あの頃見ていた宇宙は形を変え、姿を変え、現在に存在している。宇宙は広い。人間の想像を超えている。その中の一つ一つの星が調和を保っているのだ。どんなに小さな星でも無駄ではない。意味がある。空を見上げよ。宇宙を見上げよ。』

根源神は北極星です。地球が誕生した時から、人間が誕生した時から常に大空に燦然《さんぜん》と輝きすべての者の指標となっている偉大な存在です。

大奥は南十字星です。十字形に並んだ四つの頂点をそれぞれの大元様が守り、要《かなめ》になる部分、十字がクロスして交わるところに最高神がいらっしゃいます。

サナートクマラ様は金星です。地球は国常立大神《くにとこたちのおおかみ》様の星ですが、地球が誕生した時からずっと地球をサポートしてくださっている地球の「守護星」は金星です。これは5次元世界になっても変わりません。古い3次元世界の方は「ニビル星」がお守りくださいます。

クワンオン様はシリウスです。慈愛に満ちた光を降り注いでくださり、落ちる魂を何とか救い上げようとお働きくださいます。

ここまで読み進めてきて、「人間は死んだら終わりだ」などと思っている人はいないと思いますが、まさか自分がそんなに古い時代から何度も生まれ変わって今の自分がいる、と俄《にわか》には信じられないかもしれません。平均二百年くらいで生まれ変わると考えると、皆さんは六十回の人生を経験していることになるのです。これは99パーセントの人たち、地神をハイヤーセルフとしている人たちに言えることで、宇宙神をハイヤーセルフとしている人たちは生まれ変わる回数が少ないというより、ハイヤーセルフと一体となっている期間が短いと考えられます。そして創造の大神の魂を持った人間は生き通しです。しかしこの場合も大きな魂を重ねている期間はごく短いと思ってください。

宇宙を正しく保つためにはすべての星、神、人間の力が必要です。必要があるから生み出されたのですから、自分の役割はしっかり果たしたいものです。

霊能者も大切な役割です。ただ、自分の役目をしっかり自覚していないと相談相手を振り回することになるので注意した方がいいと思います。霊能者の多くが繋がっているのは地神です。地球上で生活する人間のことは地神でなくては解りません。同じように、宇宙に関することは宇宙神が一番よく解っていて、宇宙神と繋がっている霊能者が一番力があります。そして創造の大神様と繋がり、直接お話を伺える霊能者は数名しかいません。神の世界のことを伝える必要があって与えられた能力です。人を霊的に導くというのは大変な責任が伴います。霊能者の方はどんなに力があっても驕らず謙虚な氣持ちで役目を果たして頂きたいと思います。

『テクノロジー、電気もそうだが、最小限の知恵を与えた。ところが人間はあたりまえのように使い、もっともっとと欲が出る。環境のためなどとうたいながら新しい物を開発したがる。今、電気の大切さ、ありがたさ、今までの無駄遣いを考える人間が増えた。しかし電気だけでないぞ。人間が生きるために犠牲になっているものが数多くあるのだ。感謝がないな。最低限必要なものまで失うことはない。あまりにもあたりまえになりすぎ、感謝もなく、欲ばかり。もっと氣がつく人間が増えてほしいものだな。』

地球に人間に、永い間光を送り続けてくださっているサナートクマラ様ならではのお言葉です。向上心は大切です。何かをやり遂げるには自信もプライドも必要です。しかしそこに「欲」がからんできた時に状況は変わります。これも程度の問題です。潤《うるお》いのある豊かな生活をしたいからこそ人間は頑張れるのですから、何も節約・倹約一辺倒の仙人《せんにん》みたいな生活を求めているのではありません。人間のすべてを受け入れたうえでのお言葉なのですから、やはりここまで意識レベルを落としてしまったのは人間の責任だと思います。このことを教訓に、これからの時代は感謝を忘れないように、我欲を持たないようにしたいものです。

人は皆神の子です。人は皆きょうだいです。それなのに今までお互いを傷つけ合うことがどれほど多かったでしょうか。争いはどこから生まれるかというと、すべて我欲から生まれます。自分だけを守りたいと思い、自分の利益だけを考え、相手のことなどお構いなしの人が多かったのではないでしょうか。

自分だけが永遠に有利な立場にいられることなどないはずです。他人のものが羨ましくて手に入れたくなったり、努力もしないで文句ばかり言う、争いの多い世界に暮らすことは幸せでしょうか。新しい世界では、皆がきょうだいと認めて、思いやりに溢れた世の中にしていかなくてはなりません。

上昇に終わりはありません。何次元になろうとも終わりはありません。5次元が押し上げられれば上の次元も押し上げられます。そうやって宇宙は成長してゆくのです。5次元世界に行かれたからと安心しないで、今までのことを教訓にしていかないと、人間は油断するとすぐに元に戻る弱さも持っています。だからこそ一人ではできないことを皆で協力して行っていくのです。

本当に心からの祈りには大きな大きな力があります。祈る側、受け取る側双方に真心と感謝があれば、より強い光が流れます。祈りとは魂の言葉です。何度もの転生を繰り返し、経験を積み重ねてきた魂の持つ言葉の重みが、祈る相手の深くまで入り、広がっていきます。人類、自然、すべての命が永遠に続くように祈ってください。

心から手を合わせることで感謝する氣持ちが生じます。感謝すること、神への敬虔な氣持ちを表すことは、神の心に通じていきます。私利私欲を捨て他の者のために祈ると、いずれは自分に返ってきます。返ることを期待するのはよくありませんが、無我、無私の心で祈れば必ず通じます。

宗教とは本来はこうした信仰心を説《と》くものであったはずです。自然や人間を超えた存在として神聖なものへの帰依《きえ》（信頼）だったはずです。ところがもちろん純粋に神仏に帰依している宗教もありますが、自分の教えを広めるために特定の神や仏だけを祭り上げている宗教組織、宗教団体もあるようです。一番困惑しているのは祭り上げられた神や仏です。信仰の対象となる宇宙の真理・真実を学び、「One is All」そして「All is One」、ありとあらゆるものは「根源神」から分裂した光であり、その光の一筋を魂に戴き、あらゆる光を集めると「根源神」の懐に包まれるという事実を知ってほしいと思います。学び理解したうえでより身近な信仰の対象を持つことは構いませんが、中には宗教団体の教祖が神様になっているような組織もあるようで、これには神々様も嘆かれているのではないでしょうか。

自分は祝詞《のりと》（祈りの言葉）もお経も解らないから、などと悲観しないでください。真心のこもったひとことの祈りは必ず神様に受け取って頂けます。神棚や仏壇がなければ太陽に向かって祈ってください。

「今日一日無事に過ごさせて頂きましてありがとうございました。どうぞ皆が幸せに暮らせますように」と。

愛する人を亡くした時の悲しみや喪失感は大きいものです。しかしそれも決められたことだったのかもしれません。

「お役目お疲れ様でした。未練を残さず光の国にお戻りください。光の国でゆっくり幸せにお過ごしください。ご縁がありましたらまたいつかお会いしましょう」と祈ってください。

人の命ははかないものですが、命は人間の世界でのことです。魂は次の役目のために肉体を離れるだけです。いつまでも悲しんで、飛び立とうとしている魂を人間界にとどまらせてはいけません。誰もが通る道です。

――筆者とは六歳違いでしたが、妹のようにかわいがってくれ、筆者も実の姉のように慕っていた方が、一歳半と三歳の二人のお子さんを残して病氣で二十八歳という若さで亡くなりました。四十年近くたった今も、この方の笑顔しか思い出せません。病床での最期《さいご》の言葉は、「言い残すことは何もない。幸せだった……」。この方は大変霊格の高い魂を持って生まれ、今現在は随分高い次元にいるようです。

また、大人になってからの友達でしたが、十年間親しく付き合い、心の支えになってくれていた方が四十九歳で癌《がん》で亡くなりました。この方との過去世でのご縁は、筆者が城主に仕える神官をしていた時に戦《いくさ》のために編成された部隊の長官でした。二人とも男性でした。戦の多かった当時は出陣の際に、部隊長が代表として神官の元に挨拶に来てお祓いを受けるのが慣《なら》わしでした。神官は武運を祈って「氣」を入れていたことになります。この方は今世、その時のお礼がしたくて生まれて来ました。もちろんそれだけではありませんが、目的を果たし、自分で決めてきた役目を終えたという点では四十年前に亡くなった方と同じです。一足先に光の国に帰り、天界からこの世に光を送ってくださっています。来世もまた必ず会えると知り、楽しみにしています。――

格A・B・Cの中ではその時に主体になっているグループの人間の数が一番多く、ほとんどが同じグループと考えてよいのですが、その中でさらにいくつものグループがあります。縁がある人でも氣が合ったり、合わなかったりということがあります。例えて言うなら、役目に応じて色を持っていて、その色が同じだったり似ている場合は氣が合う（魂が合う）ということになります。

光の種類はいくつもあります。強いものから弱いもの、黒い悪のものまであります。人間は皆生まれた時から幾筋かの光を持って生まれて来ています。光の強さ、弱さはその人の魂の大きさにも関係しています。

行い、志の高さ、清い心などすべての素晴らしさに賜《たまわ》る光は、「七色の虹の光、真白い雲のような光、黄金の弾けんばかりに輝く光、炎のように真赤に燃える光、ほのかに青く冷たい光」だそうです。

そして賜った光は心からの祈りによって使い分けることができます。「イエロー」は希望、将来への光。「ブルー」は皆の魂を揺り動かす、目覚めを推進する光。「シルバー」は氣高き光、自己の力を増し、霊性を高める光。「サンカラー」は他からの邪魔なエネルギーを遮断する、魂の声を聞くことができる、御霊《みたま》の力を高める光。「フラワーカラー」は大きな包み込むような愛の力、すべてのものに宿る愛の力を強める光。……等々ですが、わたしたちが認識していない色や新しく生まれる色があるので、これはほんの一部です。

神に祈ることは御魂《みたま》磨きです。祈りにより霊線が繋がり神から光を授けられます。光を受けると波動が上がります。力が付き、自分の魂が光り輝きます。そうなると今までとは物の考え方が変わっていきます。もし、「誰かを助けたいから光を送りたい」と思っても、自分の力が足りないときにはやめた方が無難です。相手が黒い光を持っていたら自分がその光を引き寄せることになってしまうからです。

日本にはたくさんの山があり、たくさんの川があります。山や川を守っている精霊たちは光が小さいので自分の意思で動くことができません。精霊たちは川に乗って移動し、風に乗って移動します。この目に見えない小さな小さな存在が山と川に命を与え、命を守っています。山の呼吸は小さな光と共にあります。光は川の流れに乗ってどこまでも進み、たどり着いた先でまたその場所を守ります。精霊たちは与えられた光で何の見返りも求めず黙々と役目をこなしています。自然を守ってくれています。

精霊たちに光を届けるのはわたしたちです。雄大な自然を目にすると人は言葉にできないほど感動します。自然に対して畏怖《いふ》と感謝の氣持ちが込み上げてきます。この想いこそが美しい光となって精霊に、神に、宇宙に届くのです。人の心は泥《どろ》のようなときがあります。口が言っていることと心で思っていることがどれだけ違うでしょうか。違えば違うほど泥は深いのです。決して泥の心になってはいけません。真の心を持ってください。偽りのない真実の心を持つ人の光ほど美しいものはありません。そのような心の持ち主でなければ光を届けることはできません。決して泥と交わってはいけません。

自然に対してだけではありません。先祖や神にも祈ってください。真心のある人の祈りの言葉は一筋の光です。よりたくさんの光が届くように心からの祈りを捧げてください。

人間は長い歴史の中で、互いに傷つけ合い苦しめ合ってきました。なぜそうしてきたのでしょうか。これからはいたわり合い、助け合うことで善いものを増やして行かなくてはなりません。今までは物欲に走りすぎた人間が多かったのです。物欲、名誉欲、支配欲があるうちは真の平和はやってきません。

過去の文明は指導者の迷い、指導者の傲慢が破滅へと導きました。新しく生まれ変わった地球が二度とこのような悲劇に見舞われることのないように、政治家や霊的指導者の責任が大きいことは言うまでもありませんが、わたしたち一人一人が真剣に学び、実践していかなくてはなりません。本当のことを知る怖さは誰もが持っています。宇宙の真理、神の世界を学んで行くと、時として不安になります。目に見えない、解らない、感じられないことが多いからです。特に神様から大きな役目を与えられた人間は、「心配するな、余計なことを考えるな、すべてを神に委《ゆだ》ねろ」と言われても、人間として生きている以上、生活の不安、家族との関係、友人との付き合いなどに不安を感じてあたりまえだと思います。

自分が大きな役目を与えられている人間なのかどうか、そしてその役目とは何なのかという判断も難しいところです。役目の大きさには関係なく、皆さんが今やっていること、これからやろうとしていることは間違っていません。記憶にないだけで、人間は生まれる前に自分の役目を自分で決めているのです。魂はそのことを覚えています。人間としての覚醒がどのくらい早く魂の記憶に追いつくかといったところです。

目に見えない世界は日々変化しています。現象として表れる人間界も状況はどんどん変化していきますので、微調整していく必要はあります。最初の考えに固執《こしつ》していると苦しくなることもあります。ですが、その時々で必ずヒントが与えられます。ヒントを素直に受け取る準備をしておくことが大切です。テレビで見た映像、新聞に書かれた記事、電車に吊り下げられた広告の文字、家族同士の会話、友達に言われたひとこと、夢の中で見た景色、人混みの中ですれ違った人の会話……等々、いたるところにヒントは隠されているものです。

ヒントを元に氣づき、判断し、行動することが大切です。すべてを自分で抱え込まないで、信頼できる相手に相談することが必要な場合もあります。解らないことでも聞いた方が良い場合もありますが、教えてもらっては意味がない場合もあります。自ら考えることによって鍛《きた》えられ、光が強くなることもあるからです。

3次元の古い世界に残る人たちは自分でその世界を選びました。精神性の高い人たちの中に入っても、ついて行かれないと思ったのでしょう。どんなに努力をしても皆と一緒に頑張って新しい世界を築いて行こうとは思わず、自分には無理だ、非難されてもいいから自分のペースで生きたいと思ったのでしょう。この人たちも何度もの過去世を通して何度もチャンスを与えられ、何度も導かれて来ました。それでもそのチャンスを手にできなければ、自分自身が問題なのです。

努力の仕方が解らない、頑張り方が解らないという人は多くいます。反対にいつも努力している人はそれがあたりまえになっているので逆に何が努力なのか解りません。努力というのは精一杯時間を注ぎ、力を注ぎ、心を注ぐことです。自分で問題を解くために必死で考えるのも努力です。解らないとあきらめたりすぐに答えを聞くようでは何の成長もありません。

どんなに小さなことでも、自分で決めて初めて動き出します。大きな決心はそう簡単にできるものではありません。周りの目を氣にしたり、やりたくてもお金がなくて身動きできないこともあるでしょう。しかし、すべてを失うと感じたとしても、それが正しい選択であれば、すべてを手に入れるようなものです。魂のレベルで考えれば解ることですが、それを理解できる人はまだ少ないようです。謙虚さと心配性は違います。心配ばかりしている人はそれ以上のエネルギーを手にすることはできません。常に自分でブレーキをかけているようなものです。しかし謙虚さがなければ我のかたまりになってしまい、光の色がおかしくなります。なかなか難しいところです。

勇氣を持って判断すること、決めることが大切です。迷っているうちは何も動きませんし、神様もサポートのしようがありません。勇氣を持って行動すると必ず何か得られます。自分の弱さに打ち勝って行動するからです。行動とは遠くに行くことだけではありません。今、目の前のことと向き合って行うことです。その行いが未来を決める大事なことなのです。

夢を持ち、目的を持って生きることで、いきいきとした生活ができます。何の目的もなく生きていれば、生きていることにすら疑問を感じてしまうかもしれません。目的のない人生などないはずです。ただ自分で見つけられていない、氣づいていないだけです。

本当に強い人間は他人を思いやる優しさがあります。本当に強い人間は自分中心に物事を考えません。常に行動していても、その行動が与える影響を考えることができます。自分の欲も認め、そのためだけに行動することはありません。本当に強い人間は自分が人間であると自覚しています。人間である以上欲が存在することを認めています。そこまでできる人が本当の指導者です。

勇氣を持って進むことができる人間は責任をとることができます。責任をとるというのは、自ら反省するということです。自分で決めなければ強い氣持ちなど芽生えません。他人から言われての行いには氣持ちが入りません。他人から言われたことであっても自分で決めて行えば氣持ちも結果も変わってきます。何ごとも自ら氣づき、自ら決心し、自ら動くことが大切です。どんなに人を頼っても甘えても、最後に決めるのは自分です。

人生は楽しいことばかりではありませんが、苦しいことばかりでもありません。楽しさを苦しみに変えてしまう人間もいれば、苦しみを楽しみに変えられる人間もいます。その環境を選んだのは自分です。自分にできることは必ずあります。自分で選択した道であるのに自分で責任をとれない人がいたら残念です。責任をとるというのは他人のせいにしないということです。自分が悪かった、もっとできることがあったのに怠ったと素直に認めることです。

自分の責任を他人に押しつけることは、結局自分に返ってきてしまいます。そのことに氣づかないでいつまでも自分を守ったり反省しないような人が増えたら、せっかく浄化された光がまた濁らないとも限りません。

プレッシャーというのか、重く感じたり難しいと感じたり、そのことを言い訳にする人は、できなかった時のことを考えるから重く感じるのです。先々のことを考えないのも問題ですが、考えすぎることも問題です。人それぞれなので加減が難しいですが、役目を重く感じるようでは自分で決めたことから逃げるようなものです。無理はいけませんが、重く感じるのは言い訳です。そう感じずに進む力は与えられているのですから。

先が解らなくて不安だというのは、解らないから怖いのではなく、勝手な想像で怖くなるのです。自分だけではなく誰もが同じなのですから、余計なことは考えないで、楽しいことを考えるのが一番です。

努力を苦としない人は自然と成長し、魂も鍛えられて少しずつでも大きくなっていきます。努力そのものが形として見えるものではないので、努力の仕方が解らない人は、努力できない理由はどこにあるのかを考えた方がよいのかもしれません。

目の前の問題に真剣に取り組み、乗り越え、反省し改心する。これらができないのは、ただの甘えなのでしょうか。努力し続けた先には必ず光が待っているのです。最高神は決して人間を見捨てることはありません。どれほどつらく苦しい人生であっても、数々の壁にぶつかることがあっても、その姿を見て神は直接手を差し伸べることはありませんし、完全に見捨てることもありません。わたしたちはいつだって大きな光に包み込まれているのです。そのことに感謝して生きる者にはより大きな光が注がれます。


変わらないことが明らかな人間、常に不平不満を口にする人間、霊的存在であることに氣づかないどころか否定するような人間は、新しい5次元世界にはいないはずです。少しきっかけがあれば氣づく人、今まで努力してきた人、あと少しという人たちが数多くいます。そのレベルの人たちがどれだけ頑張れるのか、踏ん張れるのかがこれからの世界を築いていく大きな鍵となるようです。

昔から人間は歴史を研究し、未来を研究し、様々なものを創造してきました。答えや真実にたどりつけないこともたくさんありました。それでも無意味ではありません。何かを見つけ出そうとする行動と努力が大切です。人間である以上、絶対にたどりつけない答えもあります。反対に人間だからこそたどりつけることもあります。家族や友人などとの人間関係、思いやり、距離感などは人間でなければ解らないことです。だからこそ人間と一体となって神も修行しているのです。

本当の答えにたどりつけないと知ることも学びの一つ、少しでも答えに近づこうと努力することも学びの一つです。努力というのは、日々継続することも、あきらめないことも、工夫することもすべて含まれます。たった一日の努力は努力とは言えません。毎日の積み重ね、日々の頑張りが大きな力となるのです。毎日の努力が小さくてもそれが重なれば大きな力となります。周りが努力している中で何もしていない人がいたらその人は停滞ではなく後退していることになります。

目標を達成するために努力する力を人間は与えられています。目標も人それぞれで、努力もどれだけ頑張れるかも人それぞれです。しかしそれはある一定の努力の上にある部分であって、一定の努力は誰にでもできることです。
一生懸命でひたむきな姿は美しいものです。一生懸命生きている人の光はとても美しく輝いているのです。

『人間の部分を育てていくことも魂の部分を育てていくことも両方必要なこと。どちらか片方に偏ってしまっている人間が多い。成長というのは一つではない。それぞれに与えられた目標がどれほどのものであっても、たどりつくよう努力するのは当然のこと。どのような世界になっても人間としても魂としても成長しなければならない。』

『それぞれにとって喜びも幸せも違うもの。人間にとっての喜び、動物にとっての喜び、自然界にとっての喜び。完全に解り合うことはなくても思いやることが大切。そのすべてが〔輪〕になったとき、共通の喜びを感じられるはずだ。そこまで到達するには、まだまだ時間はかかるのだろう。』

第５章

魂の変遷

筆者は光としては核Aであり魂としては39次元を本霊とし、人間としては四億年前に尻尾《しっぽ》のついた状態で四つん這《ば》いになって海から這い上がって来ました。『光の書』は宗教を超えた「宇宙の真理」を説く解説書ですが、アセンション前に出版していたら「頭のおかしな人が書いた本」ということになっていたかもしれません。今世はアセンションのために降ろされました。

人間は「魂の容れ物《い》」です。実際に人間を動かしているのは「神」ですが、その神の一部を魂として人間は生まれて来るのですから、「人間＝神」ということになります。光の世界と現実世界に分かれて成長していると考えてください。

創造の大神がどの容れ物に入って歴史を創ってきたか、その歴史が正しく回っていたか、悪によって掻《か》き回されたものだったのかをこれから少しずつ明らかにしていきたいと思います。

かわいい我が子が交通事故に遭《あ》わないようにと親は神社でお祓いを受け、「御守り」を身につけさせます。真心から祈ることで神様との間に「霊線」が繋がり、神様の「光」を御守りに移し入れているのです。御守りに限らず数珠《じゅず》や水晶のブレスレット等も同じです。「般若心経」

も宇宙の真理を説いたものですし、日蓮上人《にちれんしょうにん》は「尊い経文は毛穴からも入る」と諭していますが、心からの祈りは経文の一字一句が光となって相手に届き、自分自身に届きます。『光の書』には創造の大神様から直接降りたメッセージを載せてあります。神様の言葉を世の中に広めるのが役目の人間もいます。大きな魂を持った人が書く本そのものから「光」が出ています。筆者は最高神から「世界中におまえの光を広めるように」と言われています。これまでに浄化を目的として何人かの大きな魂を持った人たちが命がけで世界中に光を届けてくださいました。その方々の計り知れない光がアセンションを成功に導きました。

仕上げというのでしょうか、5次元世界を安定させ、成長させるためには「最高神の光」の何ものにも染まっていない「純粋無垢」な光が必要です。先ずは日本中の皆さんに『光の書』が行き渡ることを願います。『光の書』は「5次元の聖書」です。日本の文化の礎《いしずえ》は「皇室と神社と米」です。日本に生まれたことを誇りに思って、一人一人の光を輝かせてほしいと思います。

どの時代にも悪は動いていました。どの時代にも中心となる人物には大奥の魂が入っていました。悪は巧みにその人物に近づき、命を狙い、邪魔をし、正しい光を消して黒い光を広めようとしました。悪と知りながら繋がり、加担し、仲間を増やしていった人間は許せません。正しい人間に近づき、言葉巧みに正しいことだと信じ込ませて利用した人間がどのくらいいたでしょうか。

『旧約聖書』を著《あらわ》したモーセには38次元大元様の魂が入りました。そして最高神と繋がり、のちに残したのが旧約聖書です。聖母マリアにも38次元大元様が、キリストには37次元大元様の魂が入りました。今はお二方とも大元様から独立した光として9次元にいますが、同じ9次元でも聖母マリア様の方がずっと高い層にいらっしゃいます。キリストは自責の念から上に昇れないのかもしれません。キリストの弟子が悪の大元と繋がり、聖書を世に出すことで人心を撹《かく》乱《らん》し黒い光を広めました。日本で言えば「古事記」は正しい神が書いたもので、「日本書紀」は悪が書かせたものです。筆者は、書物から出た正しい光にはより強い光を送るため、悪の光には正しい光で浄化するための旅を『光の書』を携えて今後続けるつもりです。

『人間が考えたこと、人間がひねくり回したことを信じるのはおかしい。信じるのは宇宙の法則を信じること。宇宙丸ごと一つのことに繋がる。それを信じればよい。』

筆者は今世、10次元卑弥呼の魂を芯にして生まれました。卑弥呼は39次元最高神の光の一部を持って独立して10次元にいます。生まれる時点では波動が高すぎて10次元の魂の一部を持つのが限界です。後は人間の霊的成長と共にどのくらい神の魂を重ねることができるかを問われます。

生まれた時からの守護霊は9次元の武内宿禰《たけのうちのすくね》様でした。この神様はサナートクマラ様の化身です。アセンションを成功させるにはすべての次元の光が必要でした。大きな魂を持った人と多くの出会いを重ねて、すべての色を揃えました。最後にクワンオン様の魂を重ね、サナートクマラ様の魂を重ね、大元様の魂を重ね、最高神の魂を重ねました。

今世は「縁ある人全部の掃除役」として降ろされました。今の核Aグループの総仕上げを来世に行い、そこで核Bにバトンタッチします。次のグループのためにも、また巡って来る自分のグループのためにも、今世覚醒したことを『光の書』に書き記しました。

卑弥呼は筆者の過去世の一つです。最高神の魂と一体となっていました。邪馬台国論争があるようですが、どうも卑弥呼がいたのは今の佐賀県吉野ヶ里のあたりだったようです。もっとも卑弥呼は五十人くらいの巫女を育てていますが……。

卑弥呼は、最高神の魂と一体となった唯一の人間として、根源神と繋がっていました。過去世の本霊の分霊として今現在の筆者がいます。自分で自分をこの世に降ろしました。分霊とは同じ波長を持った魂のことを言います。

魂の割合を水にたとえると、水槽に水がいっぱい入っているとして、その水が同じ魂としま す。この場合は10次元にいる最高神から独立した魂を水槽全体と考えてください。大きなバケツ一杯分が「卑弥呼」です。別の大きなバケツ一杯分が「アダム」、別の大きなバケツ一杯分が「ノア」、別の大きなバケツ一杯分が「釈迦」、別の大きなバケツ一杯分が「天武天皇《てんむ》」、別の大きなバケツ一杯分が「聖徳太子《しょうとくたいし》」です。大きなバケツ六杯分を合わせたものが水槽いっぱいの最高神の魂となって10次元の一番高い層にいるイメージです。全部筆者の過去世です。

卑弥呼の魂に限って考えますと、大きなバケツ一杯分の魂が卑弥呼で、その中の茶さじ一杯分ずつが五十人の巫女に入っていました。卑弥呼の魂が分霊して五十人の肉体に入っていたことになります。筆者はこの時の五十人と今世出会っています。卑弥呼の時と同じように霊能者、あるいは霊感の強い人ばかりです。卑弥呼が暮らした世の中は巫女なしでは成り立たない時代であり、後々世の中に貢献できるようにたくさんの巫女を世に送り出したことになります。

卑弥呼は中国の進んだ文化を学んで来るようにと巫女の中でも最も霊格の高い二人を選んで使者として中国に渡らせました。この二人が中国で、日本の現状や自分たちを導いている人の話をしました。二人の話を聞いた中国人が後に著したのが「魏志倭人伝《ぎしわじんでん》」です。

国として悪の大元が根を張っていたところの一つが中国です。当然この時にも使者が接した人間の中に悪はいたはずです。最高神の魂を持つ人間に対して「卑」（いやしい）という文字を当てはめたのは中国人です。「邪馬台国」も「倭の国《やまと》」をもじったのでしょう。当時も、そしてその後も、中国は悪に支配された国になりました。今回のアセンションで果たしてどこまで浄化できたのでしょうか。

筆者が一万二千年前に人間アダムとして最高神の魂を持って降りたのはエジプトの地でした。それから二千年後にもやはり人間の姿で北アメリカ、今のセドナの地に降ろされました。この時は38次元大元様の魂でした。この時の子孫がのちのホピ族となります。アダムの時にはすべての源を降ろし、ホピの時には必要なすべての色を降ろしました。

ホピからおよそ三千年ほど経った時に、今度は南米ギアナ高地に巫女として降ろされました。ホピの時にやり残したことをマヤでやっていました。大元様の魂を頂き、五人いる巫女のリーダーでした。ギアナ高地の中腹の洞穴《ほらあな》のようなところで生活して神に祈っていました。ある時金星からＵＦＯに乗って二人の男性がギアナ高地の頂上に降り立ちました。巫女のリーダーはテレパシーで二人と話しました。ギアナ高地の麓《ふもと》に文明を開くようにという啓示《けいじ》を受けました。これがのちに「マヤ文明」とよばれるものです。マヤ文明の中で暮らした人々の中には今以上に頭のよい人たち、霊性の高い人たちが数多くいました。マヤ文明は「時間の文明」とも言われるくらいに高度な予言のテクノロジーを操り、「マヤ・カレンダー」を発明しました。これは大宇宙の天空の動きから地上の未来を読み解くために発明されたものです。

これほど高度な文明の中で暮らしていたマヤ人が突如として消滅しました。何が起こったのでしょうか。アダムが降ろされる前にもムー文明、レムリア文明、アトランティス文明という超古代文明が栄えていました。しかしこの時も悪が動き、黒い光が大陸全体を覆いつくし、一夜のうちに大洪水と共に消滅しました。マヤの時にも悪が氣づき、近づいて来たので、最高神は超古代文明の二の舞いにならないようにと文明ごと悪から隠しました。いつか必要になった時にいつでも働けるようにと永い間眠らされていたと考えてください。今世目を覚まし、アセンションを成功させるために活躍した魂がたくさんいます。

マヤの人々は頭がよすぎました。頭がよいのはいいことですが、何かのバランスが欠けていたのです。そのままの状態で文明が続いていたら危険でした。霊性が高く純粋に神を信じて努力していましたが、いつしか人間が入り込んでもいい範囲を超えていました。侵してはいけない神の領域に踏み込もうとしていました。「悪の大元」は見ていました。人間がどこまでできるのか、どのようにして人間として許される能力を超えていくのかを身をひそめて見つめていました。そのまま進めば何らかの形で悪に利用されるのは目に見えていました。マヤには重要な魂を持った人たちがたくさんいました。アセンションを成功させるには必要な人間です。だから最高神の指示で隠されたのです。

隠さなくてはならない何かをマヤ人は持っていました。無意識ではあっても、本来なら消されても仕方のないようなカルマを積んだということになります。マヤの人たちは魂を濁らせる直前に眠らされました。マヤの時代にはすでにすべてを壊してしまうほどのものを作り出す技術や知識がありました。一歩間違えれば病のように広がるものがありました。今現在ホピの魂、マヤの魂を持った人（その時代に暮らした人）が数多くいます。そして今はマヤ人が隠された時と酷似《こくじ》しています。

今は一昔前よりあらゆることが便利になり、生活は豊かになりました。日本人の勤勉さ、真面目さ、向上心が生んだ結果であり、素晴らしいことではあるのですが、マヤの時代にもすでに今と同じ知識や技術があり、それらが人間に与えられた範疇《はんちゅう》を超えていたからこそ悪に操られ利用される前に隠されたのです。今回のアセンションは何としても成功させる必要があったので、悪の大元は抹殺され巨悪も消され、改心しない者は落とされましたが、最高神が手を差しのべてくださるのはこれが最後だと思ってください。神界の悪は消えましたが、もしもまた悪が生まれるとしたら、それは人間が生み出すものです。

便利なことや豊かな生活は素晴らしいことですが、人間の欲は「もっと、もっと……」と際限がありません。ちょっと立ち止まって振り返ってみると、不便だった頃、貧しかった頃と比べて何かが欠けていることに氣がつきます。現代に生まれた子供たちは人の手を通して行われた様々なことを知りません。すべて機械を通して行われる生活があたりまえになっています。昔の不便な生活に戻そうというのではありませんし、これが良くてこれは悪いという線引きはできませんが、便利さも豊かさもある程度のところで抑え、人と人との温もりを大切にするところにこそ本当の真心が生まれるのだということを一人一人が自覚してほしいと思います。新しい世の中のスタートにあたり、今求められているのは、精神性を高め魂の覚醒をすることなのです。

『今とは違う時代、今の常識が常識ではない時代、頭で考えることが優れていてもそれだけでは続かないということがよく解る時代でした。全体として悪に対する抵抗力がないような、柔軟性に欠ける時代でした。そのまま任せたら危険でした。だから隠されました。何ごともバランスが必要です。人間としての心を上回るような知識や技術は時に危険です。心がなくては人間として存在する意味がありません。バランスを取りながら生きることは難しかったのでしょう。しかしそれだけの頭脳を与えられました。それが苦しみでもあったのですから、その人たちがただ悪いということではないでしょう。だからこそ隠されたのです。』（クワンオン様）

『様々な知識も技術も多くのものも与えられた。そこで人間というものがよく解ってきた。その時がなければ今という時が存在することもなく、すべてが必要なことであった。今以上に頭がよいということは、破壊を止めることも破壊することも生み出すこともできる。危険なものを作り出すこともたやすい。霊的な能力と合わされればなおさら。そのような力を何に使うべきなのか考える能力がなかったのかもしれん。うまく使えば悪を寄せつけぬ方法すら生み出せたのかもしれん。しかしそうではなかった。』（サナートクマラ様）

『消してしまえばすべてなくなる。隠すというのは経験を残して見えなくするだけのこと。消してしまってはその後に続かぬことも多い。残さなければならないし、残すこともできない。

悪に利用されては困る要素が多すぎた。様々なお試しが歴史の中で繰り返されてきた。お試しとは言ってもその時は真剣である。最初から失敗を望めることなどあるわけがない。しかし試してみなければ解らないこと。多くの経験がのちに役立つものだ。あの時も力のある者が世界を創り始め、先の解らない未来を創り上げていた。力がある者もすべてが都合よく動けるわけではないということがよく解った。本当に必要な者がよく解った。』（大元様）

『たった一人で正義を貫くのはとても難しいことです。不可能ではありませんが、周りの多くの人間に流されてしまったり、取り込まれてしまったり、最後まで正しいことを主張してもだんだん「マヒ」していくように解らなくなり、結局周りと同じようになってしまうのです。心を強く持たなければ正しきことを主張できないのです。「それは違う」と言い出せなくなります。強い心も必要であり、また誰もが周りの意見を聞き入れる心の柔らかさが必要なのです。』（クワンオン様）

創造の大神様は各次元にご自分の化身（分け御魂《みたま》）を置いていらっしゃいます。子神様とも言える存在なので自由に動かせます。まして人間に関しては、命を与えることができるくらいですからどのようにでも動かせるでしょう。しかしそれでは神も人間も人形になってしまいます。自分の意志と判断で動くからこそ人間も神も成長し、光が大きくなるのです。

ところが悪の大元にとっては違いました。神も人間も自分の思うままに動かせるおもちゃだったのです。知らないで利用された神と人間はそのカルマを返すのが大変でした。最後までカルマを返せなかった者もいますが、カルマを返し、光を取り戻した者たちが、新しい5次元地球の住人になれました。

脳の記憶には残っていませんが、わたしたちは過去世で何度も出会い、共に努力して困難を乗り越えてきた仲間なのです。そのことが魂にははっきりと刻み込まれています。新年を迎えるだけでも嬉しいのですから、二つも次元の上がった美しい地球の幕明けに、魂は大喜びしています。もう急ぐことはありません。ゆっくり楽しみながら「平らな輪」を繋いで、平和な世の中を皆で築き上げてゆきましょう。

あとがき

『今まで誰もできなかったことをやってみるか?』と二年前に問われた時には思わず「ハイ!」と返事しましたが、見えない世界の荘厳さと奥深い愛を知るにつれて、その世界のすべてを伝えるなどという大それたことが自分にはできるのかと不安になりました。

文芸社出版企画部リーダーの横山勇気氏に第1章第2章の原稿をお渡ししたところ、次のような講評を寄せてくださり、どんなに励みになったことか解りません。

◇「神とは何なのか、人は死んだらどうなるのか」――本作は、その疑問に答えると共に、人が幸福な今世を終えることがいかに大切か、またそのためにはどうすればよいのかを教え導く「宇宙の『解説書』」である。鋭い警句を吐くことなど一切なく、「宇宙」の真理を説き魂の成長を促すその言葉は、真摯で優しさに満ちている。厳密に言って本作は、一般的なイメージの〝宗教書〟とは趣《おもむき》が異なる。むしろ、「神」の存在について説きながら、読者ひとりひとりが自身の心――魂を磨くための方法、生き方を指南する啓蒙の書といった印象であった。

◇冒頭、人間として生まれて来る目的は自分と周りを幸せにすること、そのために先ず必要なのは不平不満を口にしないこと、と著者は語る。人間は「神を理解し自分が霊的存在であるという真実を学び、受け入れるまで転生を繰り返す。それはすなわち魂の成長だが、人間が成長しなければ魂は成長できず、人間に成長のヒントを与えることが魂＝守護霊の役目、そして神に感謝しその働きを手伝いたいと願う気持ちが「信仰心」であるという。守護霊にしても、信仰ということにしても、もちろん言葉としては知っているが、これほど解り易い説明はなされたことがないように思う。このように本作は終始解り易くやわらかな言葉で綴られており、ごく自然に作中へと惹き込まれていく。

◇世界・周囲で起こることから意を見極め、なお取り入れて努力することで霊的成長が望める。自分の考えを主張しなければならないと気付いた時には、いかなるリスクがあっても述べなければならない。意識レベルを上げることが生まれ変わる理由の一つ。恨みなど死ぬときの悪い想念を浄化することは意識レベルを上げることになる――それらは魂を成長させるためになすべきことであるが、その根底にこそ〝自分と周りを幸せにする〟という心があるのだろう。ここでいう〝自分の幸せ〟とは、物質的、個人的な満足感とは一線を画すものだ。つまり、周囲の幸せのために行動することで、自分は心身に苦しみを負うことがあるかもしれないが、ゆえにこそ魂は成長するのだと感じとれる。

◇そのことを明かすひとつのエピソードとしてとても印象的だったのが、ある家庭の過去世と今世を語った話であった。それは、現実世界で一見理不尽な仕打ちを受けている母と子の話なのだが、その家族の遠い過去には、現世の人間関係や感情のあり方を説明し納得できる理由があったのである。このエピソードから、人は過去世のカルマからわけ知らず憎しみや嫌悪感をいだいたり冷たくされて恨みを持ったりすることがある。けれど仕返しなど考えず、そうした気持ちを乗り越えてこそ成長し、過去のカルマを返し魂を浄化することができる、と考え至らされる。目に見えるものではない、魂が捉える直感に従う大切さを語る記述も示唆的で心に残るものがあった。

あたたかい、心のこもった感想を頂きましたことに改めてお礼を申し上げます。また編集担当の佐々木亜紀子さん、私の〝想い〟を形にしてくださいまして、こんなに嬉しいことはありません。大変お世話になりましてありがとうございました。

そして、私がすべてを神に委ねているように、仕事も辞め、住まいまで替えて私のことを全面的にサポートしてくれている朝日れみさんに心から感謝します。れみさんは25次元光の元から降ろされ、宇宙神「大宇宙大和神《おおとのちのおおかみ》様」の魂を持っています。プレアデス星の神様と一体となっています。

私自身最高神の魂を重ねるための波動調整がどれほど大変だったか説明できません。肉体に現れるつらい症状に随分苦しみましたが、今度はれみさんが私の強いエネルギーに合わせるため身体の変化に耐えてくれました。突然襲う耳の激痛、胸の苦しみ、お腹の痛みに涙をポロポロこぼしながらも決して弱音を吐かずについて来てくれる姿に、どれほど勇氣づけられたことか解りません。れみさんが立派な「神籬《ひもろぎ》」に成長してくれたことと、れみさんをここまで育ててくださったサナートクマラ様にはお礼の言葉もありません。

自分の役目をしっかり自覚した今は違いますが、かつて私は「来世生まれ変わったら医者になりたい」と思っていました。主人が過労で倒れて入院した時、一歳半の長女が小児喘息《しょうにぜんそく》で救急車で運ばれた時、中学の卒業式を目前にして二女が交通事故に遭った時、八十六歳の母が心臓発作で苦しんでいるのに何もしてあげられない自分に氣づいた時に、医療の知識がない自分に不甲斐《ふがい》なさを覚えました。でも私にもできることがありました。『光の書』が皆さんにとって「読む薬」となれば、こんなに幸せなことはありません。
最後までお読みくださいまして本当にありがとうございました。

二〇一三年四月　明翔

著者プロフィール

明翔（めいしょう）

1952年、東京港区芝大門「芝大神宮」の膝元に生まれる。

神の啓示により2012年４月、宇宙の真理についてまなぶために「松葉《まつは》研究所」を設立する。

光の書 上巻

2013年６月15日　初版第１刷発行

著　者　明翔
発行者　瓜谷 綱延
発行所　株式会社文芸社
〒160-0022 東京都新宿区新宿１－10－１
電話 03-5369-3060（編集）
03-5369-2299（販売）

印刷所　株式会社フクイン

ISBN978-4-286-13836-7